잘 팔리는 콘텐츠의
3가지 비밀

콘텐츠 기획부터 수익화하는 **A to Z**

기획력 + 기록력 + 전달력 이 우선이다

잘 팔리는 콘텐츠의 3가지 비밀

잡빌더 로울 지음

다온북스
DAON BOOKS

기획력 + 기록력 + 전달력이 우선이다

저는 현재 30권 이상의 책을 출간한 작가이자, 관공서와 기업체에서 1,000회 이상 강연을 한 강사입니다. 독창적인 콘텐츠를 기획해 활동하다 보니 예전에는 들어보지 못했던 다양한 호칭들이 생겨났습니다.

'작가, 파워 블로거, 칼럼니스트, 강사 그리고 택스코디, 잡빌더 등'

불과 5년 전만 해도 사업체의 부도로 길바닥에 던져진 노숙자였습니다. 그러다 정 효평 작가를 우연히 만나 '콘텐츠 크리에이터'라는 단어를 알게 됐습니다. 그 당시에는 어디서부터 어떻게 생각을 정리해야 할지 몰라 답답했습니다. 아이디어는 제법 떠올랐지만, 생각이 정리되지 않아 (정확히 말하면 정리하는 방법을 몰라) 모두 무용지물이었습니다. 말을 잘하고 싶었지만, 두서없이 생각하니 두서없이 말했습니다. 글쓰기도 별반 다르지 않았습니다. 말을 잘하고 글을 잘 쓰는 사람들이 한없이 부러웠습니다.

"어떻게 하면 말을 잘하고, 글을 잘 쓸 수 있을까?" 이 방법이 늘 궁금했습니다. 그 후 5년 동안 저에게 무슨 일이 생긴 것일까요? 생각을 정리하기도 벅차했던 제가 나만의 콘텐츠를 만들어 냈습니다. 심지어 많은 책을 썼고 이번 주도 강의 스케줄로 꽉 차 있습니다.

콘텐츠 기획하기, 기록하기, 전달하기에 본격적으로 관심을 가지고 수년간 연구했습니다. 그 과정에서 깨달은 솔루션을 기반으로 팔리는 콘텐츠를 하나하나 더했습니다.

나이, 학력, 경력을 중시하는 현 시장에서 부도난 사업가가 재기할 수 있었던 유일한 방법은 바로 '콘텐츠'였습니다. 오로지 팔리는 콘텐츠에 승부를 걸었습니다. 직접 나만의 강의 콘텐츠를 개발했습니다. 머릿속에는 온통 콘텐츠 기획뿐이었습니다. 지금 당장 해야 하는 일이 무엇인지 늘 고민했고, 생각했으면 즉시 실행했습니다. 찾아주는 곳이 없을 때는 관련 기관을 찾아가 영업을 했고, 밤잠을 아껴 가며 책을 썼습니다.

강의가 책으로 나오고, 책은 다시 강의가 됐습니다. 이 외에도 칼럼, 신문기사, 팟캐스트, 유튜브 등 어떤 형태로든 콘텐츠를 알렸습니다. 그렇게 하나하나씩 제가 바라고 원하고 기획했던 그림들을 완성해 나갔습니다. 하나의 콘텐츠를 강의에만 국한하지 않고 콘텐츠 크리에이터로 활동하고 싶었던 꿈을 이루기 위해 다양한 영역에서 노력하고 있습니다. 그리고 노력은 현실이 되었습니다. 이제 다음과 같은 소리를 제법 듣습니다.

> **"작가님은 다르게 생각하는 기획력이 남달라요. 그걸 또 정리하는 힘! 심지어 현실로 만들어 내는 힘! 많은 사람을 쉽게 이해시키는 힘! 한마디로 '팔리는 콘텐츠를 만드는 힘'이 있어요. 정말 대단해요."**

이제 저는 확신합니다. '기획하는 힘', '기록하는 힘', '전달하는 힘'이 있는 한 계속해서 팔리는 콘텐츠를 만들어 낼 수 있다는 확신 말이죠.

그동안 제가 인지하지 못했던 가장 중요한 단어, 기획력! 기록력! 전달력! 콘텐츠의 중요성이 높아지고 있는 지금 시대에 이 세 가지 능력은 사람들에게 꼭 필요한 주제라는 생각이 들어 이 책을 집필하게 됐습니다. 그리고 가장 자신 있게 말할 수 있는 키워드이기도 합니다.

제가 말하는 기획력, 기록력, 전달력은 '하고 싶다'라는 생각을 '팔았다'로 바꾸는 힘입니다.

5년 전, 저의 상황을 돌아보면 이건 기적 같은 일입니다. 여전히 세상은 빠르게 변하고 있고 점점 더 나만의 콘텐츠를 인정받을 수 있는 시대가 되었습니다.

당신만의 콘텐츠를 멋지게 만들어 팔고 싶은가요? 그렇다면 이 책을 당장 펼쳐봅시다.

◦── 차례 ──◦

1 당신의 모든 것이 콘텐츠가 될 수 있다

2 기획의 기술, 읽고 바로 써먹자

기록력

전달력

기획력

기록력

전달력

1

당신의 모든 것이
콘텐츠가 될 수 있다

생각을 콘텐츠로
만드는 힘

콘텐츠를 기획하고, 콘텐츠를 기록했습니다. 그리고 콘텐츠를 전달했습니다. 딱, 이 세 가지에 집중해왔습니다. 독창적인 아이디어를 떠올리기 위해 항상 책, 신문, 잡지, 팟캐스트, 유튜브, 넷플릭스를 가까이 두고 떠오르는 영감을 빠짐없이 기록했습니다. 그 뒤, 나만의 철학으로 재해석한 콘텐츠를 블로그에 꾸준히 올렸습니다. 콘텐츠를 기획하고, 기록하고, 전달하는 데에 충실했던 시간 덕분에 평생 경험하지 못했을 것들을 경험하고 있습니다.

"내가 만약 5년 전에 기록하지 않았다면, 지금의 나는 어땠을까?"

가끔 이런 생각을 해봅니다. 아마 5년간 이뤘던 모든 것들은 없었을 것입니다. 콘텐츠 덕분에 과거와 다른 내가 될 수 있었습니다. 사람들이 찾아보는 채널이 되기 위해 생각을 콘텐츠로 만드는 과정을 고민하며 기획력을 길렀습니다. 독자의 반응과 피드백을 보면서 대중적 감각을 놓치지 않기 위해 노력하는 크리에이터가 될 수 있었습니다.

블로그를 하는 지원자라면 반드시 눈여겨본다고 어떤 기업의 인사 담당자는 말합니다. 기획하고, 기록하고, 꾸준하게 뭔가를 전달한다는 점에서 블로그 하는 지원자를 가장 높은 순위로 본다고 말합니다. 전적으로 공감합니다. 콘텐츠를 만들어 기록하고 전달하는 경험이 얼마나 나를 단단하게 만들고 발전시켰는지 잘 알기에 비슷한 경험을 해본 사람에게 무조건 끌립니다. 그리고 이런 사람이 많아졌으면 좋겠습니다. 이 책을 집필한 이유이기도 합니다.

제가 그랬던 것처럼, 더 많은 사람이 자기 생각을 콘텐츠로 만들어 더 성장하고, 더 발전하고, 더 커졌으면 좋겠습니다. 절대 거창한 일이 아닙니다. 블로그에 글 하나 올리는 것으로도 시작할 수 있습니다. 얼마든지 간단하고 쉽게, 개인적인 생각을 쓸모 있는 콘텐츠로 만들 수 있는 시대입니다.

조심스럽게 예측하면, 내 생각을 잘 사용할 줄 아는 사람이 앞으로 더 주목받을 것입니다. 정보의 생산과 소비가 매우 빠른 흐름으로 지나 갑니다. 정보 접근성 역시 그 어떤 시대보다 쉽죠. 그래서 역설적으로 생각이 더 중요해집니다. 확고한 생각으로 많은 정보를 정갈하게 받아들이는 능력이 꼭 필요합니다. 다른 사람을 나의 단단한 논리로 설득하는 일, 이 일이 결국 생각을 콘텐츠로 만드는 일과 맥이 통합니다.

지난 5년간 콘텐츠에 대해 끊임없이 고민했습니다. '어떻게 하면 다른 사람이 생각하지 못한 기획을 꾸준히 할 수 있을까?', '고객에게 팔리는 콘텐츠가 되기 위해서는 어떤 조건을 갖춰야 할까?', '각 채널에 맞는 콘텐츠 기록과 전달을 어떻게 하면 좋을까?'라는 고민을 거치며 지난 5년간을 보냈습니다. 그리고 이런 경험은 크리에이터의 역량을 길러줬습니다. 기획하고 기록하고 전달하는 삶을 살아보니, 이젠 제법 삶이 풍성해졌습니다.

이 책에 쓴 저의 '콘텐츠 기획과 기록 그리고 전달' 이야기가, 어떻게 해야 할지 고민하는 사람들께 조금이나마 도움이 되면 좋겠습니다. 조금 더 원대한 꿈을 꿔보자면, 사적인 개인의 생각과 시선, 관점이 더 풍부해지는 세상에 보탬이 된다면 더할 나위 없이 좋겠습니다. 서로의 생각에 영감을 받으며 성장해나가고 지적 연대감을 느낄 수 있는 지적인 놀이터가 넓어지면 좋겠습니다.

콘텐츠의 쓸모, 팔리는 콘텐츠는 다방면으로 쓰일 수 있다는 가능성, 기획하고 기록하고 전달하는 생활이 저를 단단하게 만든 것처럼, 독자 여러분의 삶에도 부디 그럴 수 있기를 바랍니다.

세 가지 핵심 원칙

"아무것도 없는 무(無)에서 새로운 것을 만들어 내는 것이 아니라 이미 존재하는 것들을 연결해내서 뭔가 새로운 것을 구성해 보면 어떨까요?"

강의 중 이런 이야기를 하면 다들 "그게 창의적이라고 할 수 있나?" 하면서 고개를 갸우뚱합니다. 전혀 문제없습니다. 창의적 사고력이라는 글자만 보면 굉장히 어렵게 느껴지지만 "노래 가사만 바꿔서 불러도 됩니다."라는 식으로 기준을 낮추면 누구나 얼마든지 창의적 사고가 가능합니다. 즉, 조합만 바꿔도 뭔가를 만들어 낼 수 있다는 것입니다.

이쯤 되면 생각하는 작업이 어렵지 않게 느껴지면서 "나, 어쩌면 의외로 창의적인 사람인지 몰라." "해볼 만한 걸, 창의적 사고" 하면서 별안간 머릿속에 스위치가 켜집니다. 새로운 것을 생각한다, 창의적이라는 것이 이런 것이구나 하고 깨닫기만 하면 그다음부터는 아이디어를 만들어 내는 일이 점점 더 쉬워집니다.

기존의 생각을 짜 맞춘 것도 충분히 창의적인 발상입니다, 의외로 할만하다고 여기고 마음을 편하게 먹읍시다. 그것이 기획력을 기르는 중요한 첫걸음입니다.

"다르게 기획하고, 세세하게 기록해서, 필요로 하는 많은 사람에게 전달하자."

콘텐츠 크리에이터로 살기로 마음먹고 세 가지 핵심 운영 원칙을 세웠습니다. 바로 '기획, 기록, 전달'입니다.

그중에서도 개인적인 생각이 팔리는 콘텐츠가 되기 위해 가장 중요한 것은 '전달'입니다. 전달하지 않은 기록은 콘텐츠라고 할 수 없습니다. 뭐가 됐든 세상에 보여야 콘텐츠가 될 수 있고, 다른 사람들에게 전달해야 콘텐츠가 될 수 있습니다. 그래서 어떤 기록이라도 열심히 전달하겠다는 의지는, 사적인 기록을 팔리는 콘텐츠로 만들기 위해 가장 필요합니다.

전달의 가치는 피드백의 기회에 있습니다. 전달을 시도하고, 꾸준히 전달하다 보면 '반응'이 생깁니다. 이 반응을 통해 내 기록의 가치와 가능성에 대해 가늠해볼 수 있습니다. 그러면서 자연스럽게 내 색깔이 나올 수 있고, 내가 잘 기록하는 분야가 무엇인지도 알아낼 수 있습니다.

이렇게 나의 기록은 점점 콘텐츠로 다듬어집니다.

지금은 볼 것이 참 많아진 시대입니다. 이렇게 볼 것이 많아진 콘텐츠 시장에서 내 기록이 눈에 띈다는 건, 과거보다 더 어려워졌습니다. 결국은 계속 내 기록을 전달하면서 콘텐츠로 그 가치를 증명받는 방법밖에 없습니다. 그러기 위해서는 꾸준히 내 기록을 기꺼이, 아끼지 않고 전하겠다는 '전달 정신'이 기본적으로 깔려있어야 합니다.

저도 최대한 많은 것을 전달하려고 합니다. 작가로 살아가면서 든 생각과 시행착오를 기록하는 글쓰기 비법, 한 권의 책이 나오기까지의 과정을 다룬 책쓰기 기술, 그리고 돈이 되는 세금 상식 등입니다.

이런 콘텐츠의 전달이 지금의 저를 만들었습니다. 내 기록을 콘텐츠로 여겨주는 팬을 모을 수 있었던 거죠. 결국, 전달 덕분에 생각과 기록이 누군가에게 닿아 완성됐고, 택스코디, 북스빌더, 잡빌더라는 부캐로 성장할 수 있었습니다.

Q **좋은 콘텐츠란 무엇인가요?**

잡빌더 콘텐츠라고 해서 모두가 좋은 건 아닙니다. 좋은 콘텐츠가 있고 부적절한 콘텐츠가 있으며, 이때 좋은 콘텐츠인지 아닌지는 전적으로 소비자의 판단과 평가에 달려있습니다. 제가 생각하는 좋은 콘텐츠의 조건은 다음과 같습니다.

내용물에 상품 가치가 있어야 한다

재미있거나 정보성이 있거나 감동적이거나 유익하거나 의미가 있거나 삶에 도움이 되는 콘텐츠여야 한다. 상대의 문제를 해결할 수 있는 솔루션이 담긴 콘텐츠라면 소비자에게 높은 평가를 얻는다. 그 문제가 해결하기 어려우면 어려울수록, 그 문제를 해결할 수 있는 솔루션이 담긴 콘텐츠는 더 귀하고 중요하게 평가된다.

소비자를 위한 상품이어야 한다

자기만족이 아니라 소비자를 생각하며 만들어야 한다. 소비자 중심에서 듣고 싶은 말이 무엇인지, 필요한 것이 무엇인지 생각하며 창작을 해야 한다. 베스트셀러 콘텐츠는 내가 만드는 것이 아니라 소비자가 만들어 주는 것이다.

소비자의 공감을 끌어내야 한다

누구나 고개를 끄덕일 수 있고 공통의 감정을 느낄 수 있는 포인트가 있어야 한다. 이때 공감을 끌어내기 위해서는 소비자의 눈높이에 맞춰야 한다. 소비자를 이해하고 분석하며 공감하려는 노력은 좋은 콘텐츠를 만드는 첫걸음이다.

이와 반대로 부적절한 콘텐츠도 있습니다. 기획 없이 무분별하게 만들지 말아야 합니다. 즉흥적으로 떠오른 생각이 콘텐츠라고 생각하는 사람들이 많은데, 그건 콘텐츠를 너무 쉽고 단순하게 생각하는 것입니다. 콘텐츠는 철저히 기획된 내용물이어야 합니다.

나음이 아닌
다름

마케팅의 성패는 경쟁사보다 더 좋은 제품과 서비스를 제공하는 것이 아니라 경쟁사와는 다른 가치를 고객에게 제공하는 일에 달렸습니다. '더 나음'이 아니라 '남다름'으로 승부를 걸어야 하고, '다름'에 집중해야 '좋은 것'이 된다는 것입니다. 콘텐츠도 마찬가지입니다.

서울에 강연이 있는 날이면 저는 비행기보다 KTX를 이용합니다. 자리에 앉자마자 KTX 매거진을 세세하게 살펴봅니다. 출간한 지 얼마 되지 않은, 어떻게 보면 가장 높은 최신성을 가지고 있으면서, 그래서 불행하게도 가장 짧은 생명력을 갖는 잡지를 들춰보면서, 가벼운 트렌드부터 무게 있는 인터뷰 기사까지 살펴봅니다. 어느덧 기차는 종착역 서울역에 도착해 있습니다.

콘텐츠를 만드는 것을 좋아하는 제가 기획을 공부하게 하는 원천 중 하나가 바로 잡지입니다. 잡지의 표지를 펼치는 순간부터 '이번 달에는 어떤 새로운 콘텐츠를 만날 수 있을까', '내게 어떤 영감을 떠올리게 할까'라는 마음부터 들어 설렙니다. 다양한 편집자가 기획한 콘텐츠를 한 권으로 엮은 출판물이 잡지입니다. 잡지를 구성하는 모든 콘텐츠는 철저히 기획되어 만들어졌기에, 콘텐츠 크리에이터에게 잡지는 훌륭한 기획 레퍼런스북인 것입니다. 그래서 잡지에서 새로운 영감을 떠올릴 때가 많습니다.

"대체할 수 없는 그 무엇이 되려면, 끊임없이 차별화해야 한다."
(In order to be irreplaceable, one must always be diffrent)

프랑스 패션 디자이너 코코 샤넬, 20세기 패션 방향을 크게 바꾼 그녀는 이렇게 말했습니다. 마케팅 전략 전문가들이 공통해서 강조하는 것도 이와 같습니다. 차별점을 중심으로 제품을 판단하고 구매를 결정하는 것은 어찌 보면 인간의 본능일지도 모릅니다. 콘텐츠도 다르지 않습니다.

여러분이 가진 콘텐츠를 차별화해서 독보적인 크리에이터가 되어야 합니다. '세스 고딘'이 말한 '보랏빛 소'처럼 뭔가 다른 특별한 점을 부각해야 사람들의 눈길을 끌 수 있습니다.

그러나 정작 차별화의 실체가 무엇인지 생각해보면 흐릿합니다. 차별화를 쉽게 표현하면 '다르다'인데, 당신은 '다르다'는 말에서 무엇을 떠올리는가요? 누군가는 '특이하다'라고 말하고, 다른 누군가는 '창의적이다'라는 이미지를 연상합니다. '엉뚱하다' 처럼 부정적인 뉘앙스를 떠올리는 사람도 있습니다. 이처럼 사람들 머릿속에는 다름에 대한 서로 다른 의미가 있습니다.

Q **차별화가 좋은 건 익히 알고 있는데, 쉽지가 않습니다.**

잡빌더 차별화를 하려면 목적이 무엇인지부터 정해야 합니다. 그런데 왜 차별화하려는지도 생각하지 않은 채 차별을 추구하는 것이 문제입니다.

'팔리는 콘텐츠'란 소비자의 선택을 받은 것입니다. 그러려면 사람들이 어떤 사고 과정과 감정적 처리를 거쳐 구독하는지, 저것을 보려다가 왜 이것을 보는지에 대한 메커니즘을 파악해야 합니다. 그 원리를 이해해야만 구독자에게 차별점을 인식시키고 내 콘텐츠를 사게 할 답을 찾을 수 있습니다. 크리에이터의 머릿속이 아니라, 구독자의 마음속에서 전략을 찾아야 차별화가 가능하다는 말입니다.

핵심은 모방

세상에는 수많은 콘텐츠 카테고리가 존재합니다. 그러다 보니 생각보다 많은 영역에서 콘텐츠 크리에이터로 활동할 수 있습니다. 보통 콘텐츠 크리에이터를 시작할 때 뭘 해야 할지 막막해지는 이유는 어디의 누구에게 콘텐츠를 전해야 할지 모르기 때문입니다.

5년 동안 다양한 분야에서 활동하다 보니 카테고리에 대한 지식이 자연스럽게 쌓이게 되었습니다. 지금은 누군가 나에게 어디서 어떤 일을 하고 있냐고 묻는다면 짧은 시간 내에 자신 있게 설명할 수 있습니다.

"저는 독보적인 3개의 콘텐츠를 기획해 책을 쓰고 강의를 합니다. 3개의 콘텐츠에 각각 부캐를 만들어 '택스코디', '북스빌더', '잡빌더'라고 이름 붙였습니다. 택스코디의 콘텐츠는 세금 및 회계이고, 북스빌더는 글쓰기와 책 쓰기에 관해 글을 쓰고 강의하며, 잡빌더는 콘텐츠 기획을 하는 사람입니다."

Q 크리에이티브 감각은 선천적인가요?

잡빌더 답하기 어려운 질문입니다. 하지만 무언가를 좋아하는 것은 선천적인 것입니다. 주변 환경이 중요한데, 부모나 형제 덕분에 어릴 때부터 어떤 것을 유심히 보는 능력이 발달할 수 있죠. 그래서 어렸을 때부터 관심사에 예민한 사람, 자신이 좋아하는 것을 발견하기가 쉬운 사람은 분명히 있습니다. 하지만 후천적인 노력으로도 충분히 가능하죠.

Q 그럼 좋아하는 걸 어떻게 찾아요?

잡빌더 좋아하면 똑같이 따라 하고 싶어진다고 생각합니다. 모방하다 보면 그 안에 조금이라도 내 것이 될 만한 게 생기죠. 똑같이 따라 한다고 해도, 제삼자가 볼 때 그 사람만의 것이 발견되기 때문이죠.

• 모방: 좋아하면 똑같이 따라 하고자 하는 욕심, 그 안에서 찾는 나만의 것.

좋아하는 것, 나만의 것을 찾을 때 공통적으로 나오는 키워드 중에는 '모방'이 있습니다. 나만의 것을 찾고 싶을 때, 미친 듯이 좋아하는 것을 발견하고 싶다면 좋아 보이는 대상, 멋져 보이는 대상을 똑같이 따라해 보라는 것입니다.

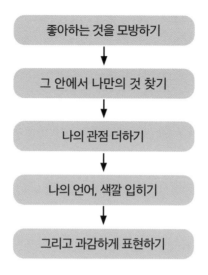

좋아하는 것을 모방하기

↓

그 안에서 나만의 것 찾기

↓

나의 관점 더하기

↓

나의 언어, 색깔 입히기

↓

그리고 과감하게 표현하기

내가 좋아하는 일을 찾는 것은 쉬운 과정이 아닐지 모릅니다. 나만의 것, 나만의 언어와 나만의 색깔을 찾는 것은 더 어렵겠죠. 하지만 치열하게 고민한 만큼의 결과물을 내 언어로 바꿀 수는 있을 것입니다. 설령 좋아하는 것을 명확히 찾지 못했다 해도, 찾고 모방하는 과정에서 서투르게나마 나만의 언어로 바꿔냈다면 이미 절반의 성공입니다.

때때로 전혀 생각하지 못한 콘텐츠를 기획하는 사람들을 볼 때면 '저건 타고나는 것이구나'라고 생각하기 쉽습니다. 그러나 기획하는 힘이란 후천적으로 학습하고 계발하는 게 가능한 기술입니다.

사람들이 기술, 흔히 스킬이라고 부르는 것을 떠올려 봅시다. 예를 들어 당신이 골프를 배운다고 하면 골프를 잘 하려고 필요한 것은 단 하나, 직접 몸을 움직여 해보는 것뿐입니다. 잘 치는 사람의 스윙 폼을 따라 하고 연습하다 보면 점차 자신의 스윙에 무슨 문제점이 있는지 알게 됩니다. 이렇게 발견한 문제점을 고치고 다시 훈련을 반복하는 동안에 저절로 익혀지는 것이 바로 기술입니다.

다시 강조하자면, 핵심은 모방에 있습니다. 기술은 이 모방하는 행위에 배움을 더한 모방 학습을 통해 향상됩니다. 기획하는 힘 역시 다른 기술과 마찬가지로 모방 학습을 통해 스스로 체득할 수 있는 기술입니다.

기획력이 뛰어난 사람을 보고 '정말 대단해!'라고 감탄만 하다 끝난다면 학습이 될 리 없습니다. 독창적으로 생각하는 사람을 봤을 때, '왜 이 사람은 이런 관점을 가지게 되었을까?'라고 생각해봐야 합니다. '왜?'를 반복해 질문하는 연습을 하면서 자신이 그 기술을 응용할 수 있을 때까지 깊이 이해하려는 자세가 크리에이터에겐 꼭 필요합니다.

바꾸는 용기

남다르게 사고하기 위해서는 '바꾸는 용기'가 필요합니다. 뭔가를 바꾸는 데는 용기가 필요합니다. 바꾼다는 것은 기존의 것을 파괴하는 것입니다. 다른 관점으로 생각했을 때 뭔가 이상하다고 여겨지는 것을 바꾸지 않고 그대로 두면 당신이 원하는 콘텐츠는 그림의 떡이 되고 맙니다.

과거 성공에 의존하는 것은 어떤 의미에서는 편한 길입니다. 그러나 과거에 이루어 낸 성공에 안주해서는 그 이상의 진화는 어렵습니다. 더 좋아질 수 있는지, 다른 방법은 없는지 늘 질문하면서 과거와 현재를 의심해야 합니다. 성공했던 기억을 버리고 과감히 현 상태를 바꾸려는 용기를 가질 때 비로소 혁신이 일어납니다.

1881년에 설립된 미국의 코닥은 롤필름과 일회용 카메라를 개발한 세계적 기업이었으나 지난 2012년에 파산했습니다. 그 이유는 1975년 디지털카메라를 세계 최초로 개발하고도 20년 동안 상품화시키지 않고 아날로그 필름사업에 집착했기 때문입니다. 그러자 1990년대 후반 일본기업들이 디지털카메라를 대량 생산하기 시작함으로써 필름카메라 시장이 급속도로 위축돼 코닥의 입지와 수익성은 빠르게 악화했습니다.

2011년까지 세계 휴대폰 시장의 절대 강자로 군림한 핀란드의 노키아는 2013년 결국 휴대폰 사업을 미국 마이크로소프트에 매각했습니다. 노키아는 1998년 모토롤라를 제치고 세계 1위 휴대폰 기업으로 성장해 핀란드의 경제에 이바지했고, 핀란드의 국민기업으로 불렸습니다. 하지만 2007년 애플이 아이폰을 출시한 후, 세계 휴대폰 시장이 스마트폰 시장으로 급격히 재편되면서 노키아는 불과 몇 년 만에 무너지고 말았습니다. 노키아뿐 아니라 핀란드 경제가 마이너스 성장을 할 만큼 타격이 매우 컸습니다.

◈ 기업이 성공의 함정을 극복하는 방법

첫째, 시장 환경의 변화와 경쟁기업들의 움직임에 대해 끊임없이 연구하고 분석해야 한다.

둘째, 조직 구성원이 과거의 성공 경험에서 벗어나 항상 위기의식을 가지고 지속해서 혁신을 추구해야 한다.

셋째, 자사의 기존 핵심역량도 과감히 포기할 수 있을 만큼 창조적 파괴가 이루어져야 한다.

우리는 대부분 어떤 편향에 따라 사물을 판단하곤 합니다. 또한, 어떤 분야에서 권위 있는 사람이 하는 말은 깊이 생각해보지도 않고 수긍하는 오류를 종종 범하곤 합니다. 누군가를 처음부터 의심하고 비판하는 태도가 언제나 바람직한 것은 아니지만, 적어도 비즈니스에서는 자기 나름의 의견과 철학에 비춰 검증하며 듣는 습관을 들일 필요가 있습니다.

강의하다 보면 질문을 많이 하는 사람과 그렇지 않은 사람으로 나뉩니다. 강사가 하는 이야기의 내용을 더욱 깊이 이해하기 위한 질문, 일부러 반론을 제시해서 내용을 더 확장하려는 질문, 주어진 프레임에 포함되지 않은 관점을 제시하는 질문 등 질문을 더 많이 하는 사람이 더 긍정적인 결과를 내는 것은 당연한 일입니다.

다른 사람의 말은 70% 정도만 받아들입시다. 나머지 30%에 해당하는 부분은 반론할 수 없는지, 다른 관점으로 볼 수는 없는지 생각하면서 듣는 것이 좋습니다. 이렇게 하면 다른 사람의 이야기를 무조건 받아들이지 않고, 기존 개념과 고정관념에서 벗어나 스스로 생각하는 습관을 기를 수 있습니다.

닉네임으로
활동하면 좋은 점

콘텐츠 크리에이터로 활동하는 사람들에게 닉네임은 매우 중요합니다. 사람들은 닉네임으로 나를 검색합니다. 만일 같은 닉네임이 많다면 나를 찾기 어려울 것입니다. 따라서 선택받기 위해서는 독창적인 닉네임을 만들어야 합니다. 즉, 세상에 하나뿐인 닉네임을 만들어야 합니다. 닉네임이 곧 브랜드 역할을 합니다. 자신의 콘텐츠에 어울리는 닉네임을 만들어 활동해야 합니다.

[닉네임 기획하기]
- 당신의 닉네임에는 어떤 의미가 담겨 있나요?
- 당신만의 독창적인 닉네임을 만들어 봅시다

닉네임으로 활동하면 좋은 점도 있습니다. 오로지 콘텐츠만으로 평가받을 수가 있기 때문입니다. 내 이름, 나이, 회사, 학력도 공개되지 않은 상황에서 브랜드를 키울 수 있는 건 오직 콘텐츠뿐입니다. 콘텐츠만으로 성장할 수 있는 기쁨을 마련하는 것이죠.

또 좋은 점은 본캐와 부캐가 철저히 분리된다는 점입니다. 내 이름으로 하는 이중 직업이 아니므로, 지치지 않고 각각의 캐릭터에 번갈아가며 몰입 가능합니다. 본캐로 일을 할 때는 그 역할에 집중하고, 그 시간이 끝나면 부캐로 전환하면 됩니다. 철저한 분리는 각자의 몰입을 만들 수가 있습니다.

닉네임으로 숨어있더라도, 독자들은 콘텐츠에 집중합니다. 〈2023 연말정산의 기술〉, 〈사업을 지탱하는 현실 세무지식〉 등의 책을 출간하며 확신했습니다. 그 전에는 저자의 본명을 밝히지 않는 '블라인드 저자'보다 자기소개에 이력을 확실히 어필해주는 저자의 책에 눈길이 가고 구매까지 이어진다고 생각했습니다. 하지만 닉네임 '택스코디'로 쓴 책은 예상보다 많은 관심을 받았습니다. 그때 '저자의 유명세보다 콘텐츠, 그 자체에 관심을 가지는 독자들이 이렇게 많구나'라고 생각했습니다.

앞으로도 특별한 일이 없다면 내가 누군지 숨긴 채 택스코디 (또는 잡빌더)라는 닉네임으로 계속 활동할 예정입니다. 소속의 힘에 가려져서 진짜 나의 힘이 어느 정도인지 잊어버리면 안 됩니다.

"나의 시장 가치는 어느 정도일까?"

닉네임으로 활동하면 '시장 가치'에 민감해집니다. 나의 소속이나 직함에 끌린 사람들이 아닌 오로지 내 콘텐츠에 모인 사람들이기에, 콘텐츠가 별로라면 미련 없이 떠나갑니다. 실제로 부족한 콘텐츠를 올리면 조회수가 급격히 줄어듭니다. 그럼 이 시그널을 보고 깨닫습니다. '아, 이번 콘텐츠가 별로였구나. 다음에는 더 잘 만들어야지'라고, 그러면서 계속 높은 시장 가치를 평가받기 위해 노력합니다. 그 점이 저를 자극하고, 더 나은 콘텐츠를 발행하게 하는 원동력이 됩니다.

닉네임으로 계정을 만들어 활동해보는 것을 적극적으로 추천합니다. 인스타그램, 페이스북, 브런치 등 어떤 플랫폼이라도 상관없습니다. 또 다른 부캐를 만들어 키우는 맛이 있습니다. 차마 못 했던 말을 할 수 있는 것도 좋습니다. 지인들 눈치를 보지 않아서도 좋습니다. 내성적인 사람도 마음껏 나를 표현해볼 수 있습니다. 누군가에게 보여주기 위해 활동하는 것보다 나를 위해 활동하게 됩니다. 이것이 앞으로도 오랫동안 익명을 유지하고 싶은 이유입니다.

닉네임을 정할 때,
두 가지 원칙

본격적으로 콘텐츠 크리에이터가 되어야겠다고 마음을 먹고 가장 먼저 한 일은 닉네임부터 정하는 것이었습니다. 많은 시간을 두고 고민한 끝에 탄생한 이름, 바로 '택스코디'입니다.

크리에이터 닉네임을 정하는 일은 매우 중요합니다. 앞으로 어떤 방향으로 나아가고 싶은지를 바탕으로 이름을 생각해야 하며, 앞으로 확장해나가고 싶은 비즈니스 모델들도 함축할 수 있는 단어라면 좋습니다.

Q **닉네임을 정하는 노하우는 따로 있나요?**

잡빌더 닉네임을 정할 때, 먼저 이미 중복된 이름은 아닌지부터 확인하고, 발음하기 어렵거나 오해를 불러 일으킬만한 이중적인 의미는 없는지도 확인해야 합니다. 최악의 닉네임은 말했을 때, "네? 뭐라구요?"라고 다시 반문하게 만드는 이름입니다.

이름을 정할 때, 떠오르는 키워드를 틈틈이 기록하고, 다시 간추리는 작업을 반복합니다. 이렇게 줄이다 보면 마지막에는 핵심만 남게 됩니다. 마지막으로 남은 후보군의 단어를 두고 다음과 같이 스스로 질문합니다.

> * 이 일을 왜 해?
> * 그들을 도와주고 싶은 이유는?
> * 궁극적인 목적은 뭐야?

닉네임을 정하는 것은 늘 어렵습니다. 촌스럽지 않고, 오래 봐도 질리지 않고, 간결해야 하며, 부르기 쉬워야 하고, 한 번 들으면 기억에 남아야 하고, 내가 말하고자 하는 것이 자연스럽게 담겨있어야 합니다. 그래서 저는 어떤 닉네임을 사용할지 정하는 데에 시간을 많이 씁니다. 이름이 모든 것을 간결하게 설명해 주기 때문입니다.

Q 닉네임을 정하는 기준은 무엇인가요?

잡빌더 닉네임을 정할 때 두 가지 기준이 있습니다. 다음과 같습니다.

1. 유행에 민감하지 않아야 합니다.

일시적으로 사용하는 닉네임이 아닌, 평생 함께할 수 있는 이름이어야 합니다. 수십 년 뒤 내 나이가 여든이 되어도 촌스럽지 않은 이름이면 좋습니다.

2. 의미가 담겨야 합니다.

이름만 불러봐도, 무엇을 하는지 직관적으로 떠올라야 합니다.

이 모든 고민을 반영해서 만든 닉네임이 첫 번째 부캐, 바로 '택스코디'입니다.

콘텐츠 크리에이터의 확장

과거에는 콘텐츠라고 하면 으레 텍스트부터 떠올렸습니다. 불과 몇 년 전만 해도 콘텐츠 크리에이터가 누구냐고 물어보면 콘텐츠 크리에이터는 블로거라고 답했을 것입니다. 따라서 콘텐츠 크리에이터가 되기 위해서는 블로그를 시작해야 하고, 유명 콘텐츠 크리에이터는 파워블로거들의 이름이 있었을 것입니다. 그러나 이제 사람들은 콘텐츠라고 하면 글과 음성이 아닌 영상, 즉 유튜브 콘텐츠를 먼저 떠올립니다. 대세이기 때문이죠.

그동안 콘텐츠 크리에이터가 명확하게 인식되지 않았던 이유는 콘텐츠에 대한 개념이 제대로 정립되지 않았고, 기존에 사용해 왔던 단어들과 혼용되어 헛갈렸기 때문입니다. 콘텐츠의 형태는 다양합니다. 영상, 오디오, 텍스트, SNS, 그 외에도 우리가 눈여겨 볼만한 책, 강의, 강연 등이 있습니다. 그리고 콘텐츠에 대한 명확한 개념과 방향을 이해하고 있다면, 자신의 성향과 소신에 맞는 콘텐츠 플랫폼을 선택할 수 있게 됩니다.

그렇게 되면 단순히 대세에 따라 하는 것이 아니라, 자신에게 딱 맞는 콘텐츠를 만드는 크리에이터로서 활동할 수 있게 됩니다. 이는 미래 세대를 이끌어 갈 청소년들에게는 특히 중요한 문제입니다. 앞으로의 진로를 유튜브 크리에이터에만 국한할 것이 아니라 한층 더 넓고 다양한 범위의 콘텐츠 크리에이터로서의 방향을 열어줘야 합니다. 각각의 사람에게 맞는 최적의 콘텐츠 형태와 플랫폼이 있을 것이기 때문입니다.

예를 들어 목소리가 좋으면 오디오 특화 형태의 콘텐츠와 플랫폼을 선정하는 것이 좋습니다. 팟캐스트가 될 수도, 네이버 오디오 클립이 될 수 있습니다. 아니면 유튜브에서 목소리를 강조할 수도 있습니다. 글을 잘 쓰는 사람이라면 브런치 작가에 도전해 위클리 매거진에 도전할 수 있습니다. 그러면 브런치북이라 하여 책을 출간할 수 있는 기회도 생깁니다. 춤을 잘 추면 짧고 강렬한 영상인 틱톡을 할 수도 있습니다. 잘된다면 오디션의 기회가 생길 수도 있습니다. 이렇게 각자의 개성에 맞는 콘텐츠 제작 능력을 잘 활용하면 새로운 기획들을 모색할 수 있습니다.

글쓰기, 말하기, SNS 등 각자 방식을 통해 자신의 콘텐츠를 만들어 전달하는 모든 사람은 콘텐츠 크리에이터라 불릴 자격이 있습니다. 자신만의 콘텐츠로 강의하는 강사, 책으로 풀어내는 작가, 오디오 형태로 콘텐츠를 제공하는 팟캐스트 제작자 역시 콘텐츠 크리에이터입니다. 웹툰 작가 역시 콘텐츠 크리에이터이고, 더 나아가 SNS에 가치 있는 정보를 생산하는 사람들 역시 콘텐츠 크리에이터라입니다.

우리 주변에는 이름만 들어도 알 수 있는 콘텐츠 크리에이터가 많습니다. 대한민국 스타강사 '김창옥'이 대표적 예입니다. 자신이 직접 콘텐츠를 기획하고 브랜드 가치를 창출합니다. 콘텐츠가 곧 자신이고, 자신이 곧 콘텐츠 브랜드입니다. 하나의 콘텐츠를 여러 가지 형태로 표현합니다. 자신만의 콘텐츠로 책을 쓰고, 개인 SNS에 정보를 공유하고, 강연과 강의를 하고, 영상을 제작합니다. 한 사람이 다양한 일을 하는 것처럼 보이지만, 실제로는 하나의 콘텐츠를 여러 가지 형태로 확장하고 있는 것입니다.

이처럼 콘텐츠 크리에이터는 한 가지 방식으로만 표현하지 않고, 다방면을 넘나들며 활동하는 것이 특징입니다. 처음에는 자신에게 맞는 콘텐츠로 시작해 점차 활동영역을 넓혀가는 것입니다. 책을 쓰며 강연을 하고, 유튜버를 하며 팟캐스트를 하고, 방송에 출연해 자신만의 콘텐츠를 전합니다. 콘텐츠 크리에이터는 이렇게 새로운 일에 도전하고, 확장하고 싶은 본능을 가지고 있습니다.

이렇게 콘텐츠 크리에이터로서 다양한 활동을 하기 위해서는 먼저 자신만의 관점과 철학이 담긴 콘텐츠가 있어야 합니다. 이를 위해 자기 자신과 콘텐츠를 브랜딩하는 기획하는 힘이 꼭 필요합니다.

2

기획의 기술,
읽고 바로 써먹자

뜨는 콘텐츠보다
없어지는 콘텐츠가 더 많은 이유

"예전 기획안과 비교해봤는데, 달라진 게 없군, 다 바꿔봐."

상사가 말한 '다 바꿔봐'에 숨어있는 진짜 의미는 무엇일까요? 바로
'처음부터 다시 생각하라'라는 말입니다.

- 제로베이스: 어떤 것을 처음부터 다시 시작하는 일, 제로의 상태에
  서 다시 검토하는 것

즉, 제로베이스란 모든 고정관념을 버리고 원점으로 돌아가 목적을
기준으로 다시 생각하는 것을 의미합니다. 또한, 제로베이스에서 생각
하는 것은 고정관념뿐만 아니라 기존의 방식이나 성공 체험까지 모두

리셋하는 것입니다. 오늘날 비즈니스 현장은 복잡한 정보들, 다양한 이해관계자들, 신속한 의사결정이 특징으로, 예전에는 상상할 수 없었던 엄청난 변화가 매우 빠르게 진행되고 있습니다. 변화의 폭이 작았던 과거에는 기존의 방식이나 성공 체험이 충분히 통했을지 몰라도 지금 같은 시대에는 그런 방식이 더는 통용되지 않습니다.

게다가 과거 이루었던 성공에 대한 집착은 조직과 개인의 움직임을 둔화시켜 환경 변화에 대한 대응을 더욱 늦추는 악순환을 만들어냅니다. 과거 성공 체험과 기존 상식은 잊고 목적을 기점으로 다시 생각하는 것이 진정 논리적으로 사고하는 태도라고 할 수 있습니다. 지금이야말로 '제로베이스의 사고'가 필요한 시대인 것입니다. 공들여 쓴 탑을 다시 허무는 게 물론 쉬운 일은 아닙니다. 하지만 분명 그만큼 극적인 효과가 있습니다.

매일 셀 수 없이 많은 콘텐츠가 쏟아지지만, 모든 콘텐츠가 뜨진 못합니다. 콘텐츠 하나에는 많은 사람의 노력이 들어가 있습니다. 이 책만 해도 그렇습니다. 글을 쓰는 작가, 이 글의 첫 번째 독자인 편집자가 있습니다. 이 책을 홍보하는 마케팅팀 직원이 있고, 이 책을 제때 서점에 배포하는 제작팀이 있습니다. 내 책을 매대에 올려주는 서점 직원도 있습니다. 이처럼 여러 사람이 협업해서 하나의 콘텐츠를 만들어 소비자의 손에 도착합니다.

Q **좋은 결과를 기대하고 콘텐츠를 만들지만 뜨는 콘텐츠보다 없어지는 콘텐츠가 더 많은 이유가 뭔가요?**

잡빌더 바로 '대중적 감각', 사람들이 무엇을 좋아하는지를 빨리 알아채고 대중과 항상 맞닿아 있는 감각이 부족해서입니다. 대중은 솔직합니다. 그래서 소름 끼치게 무서울 때도 있지만, 구독자들의 감은 가능한 만큼 믿어보려 합니다.

콘텐츠 크리에이터라면 사람들이 즐겨 찾는 콘텐츠는 반강제적으로 볼 필요가 있습니다. 그런 콘텐츠의 성공 원인을 분석해서, 자기 것으로 만들 수 있는 건 내 것으로 만들어야 합니다. 결국은 떠야 콘텐츠가 될 수 있고, 나를 찾는 사람이 계속해서 생깁니다.

잠재 독자에게 미리 의견을 구하는 것도 좋은 방법입니다. 클라우드 펀딩을 통해 창작물의 흥행과 수요를 미리 확인하고 제작에 들어가는 것처럼, SNS를 통해 적극적으로 의견을 들어보고 콘텐츠를 만드는 것도 좋은 방법입니다.

지금은 누구나 크리에이터가 될 수 있는 최적의 시대입니다. 기존 레거시 미디어는 약해지고 있고, 디지털을 통해 공평하게 나를 알릴 수 있는 시대입니다. 모두가 크리에이터가 될 수 있습니다. 누가 먼저 자신의 기록을 기획력을 갖춘 콘텐츠로, 빠르게, 대중적 감각을 담아 선보이는가의 차이일 뿐입니다.

다시 강조하지만, 모든 콘텐츠는 '구독자 중심'이어야 합니다. 내가 하고 싶은 걸 어느 정도 밀어붙이는 것도 크리에이터가 가져야 할 덕목 중 하나일 수 있지만, 결국 크리에이터는 구독자와 만나야 하고 사람들의 선택이 콘텐츠에 가치를 부여하기 때문입니다. 구독자가 무엇을 원하는지, 내 콘텐츠가 그들에게 어떤 가치를 줄 수 있는지 항상 고민해야 합니다.

책, 콘텐츠를 기획하기 위한
가장 탁월한 재료

생각을 콘텐츠로 만드는 데 있어서 중요하게 생각했던 것이 있습니다. 바로 '인풋 소스(새로운 생각을 할 수 있도록 도와주는 콘텐츠)'입니다. 생각은 절대 그냥 만들어지지 않습니다. 인풋한 만큼 아웃풋이 나오고, 인풋한 질(quality)에 따라 아웃풋의 질(quality)이 크게 달라지기도 합니다. 좋은 재료로 음식을 만들어야 음식 맛이 훌륭하듯, 콘텐츠 역시 좋은 재료로 만들어야 질(quality)이 좋습니다.

저는 다양한 인풋 소스를 즐기는 편입니다. 책, 잡지, 팟캐스트, 오디오북, 라디오, 넷플릭스, TV 다큐 프로그램 등이 바로 그 인풋 소스들입니다.

Q **수많은 인풋 소스 중 제일 괜찮은 하나만 고르라면요?**

잡빌더 수많은 인풋 소스 중에서 우열을 가리기는 정말 쉽지 않겠지만, 그럼에도 딱 하나만 골라야 하는 상황이라면, 아마 큰 고민 없이 이 콘텐츠를 고를 것 같습니다. 바로 '책'입니다.

좋은 요리를 만들기 위해서는 질 좋은 재료가 꼭 필요합니다. 결국, 생각을 만드는 것도 같지 않을까 합니다. 생각하고 기록하는 사람도 중요하지만, 습득하는 재료가 좋아야 건강한 생각을 만들고 결국은 팔리는 콘텐츠가 될 수 있다고 믿습니다.

다시 생각해봐도 책은 생각을 위한 가장 탁월한 재료 같습니다. 각각 책에 담긴 다양한 스토리를 접하다 보면, 자연스럽게 제 삶의 기준으로만 생각할 수 있었던 부분이, 더 넓은 인생 스토리를 만나 생각이 확장되는 계기가 됩니다. 내 눈으로만 볼 수 있던 2차원적인 세상을, 3차원 입체적으로 보게 되는 것입니다. 평소라면 생각해보지 못했을 지점에 대해 생각하는 기회가 되는 것입니다.

'나라면 어땠을까.'
'이런 상황에서는 이런 생각을 할 수 있겠구나.'
'상대방의 행동에 이런 감정을 느낄 수 있겠구나.'

하면서 하나씩 짚어보게 됩니다. 그렇기에 책을 읽는다는 건, 사실 여러 인생과 동행 가능한 방법 가운데 하나이고, 그렇기에 그 어떤 인풋 소스보다 가장 가성비 큰 효율로 생각을 만들고 확장할 수 있는 인풋 소스입니다. 더 다양한 인생에서 배우는 더 다양한 생각인 셈입니다.

또한, 책은 필연적으로 정제된 콘텐츠일 수밖에 없습니다. 감사하게도 지금까지 제법 많은 책을 세상에 내놓았습니다. 책 한 권이 나오기까지 수많은 사람의 고민과 노력이 들어갑니다. 책을 구성하는 편집자, 디자인하는 디자이너, 홍보하는 마케터, 책의 완성도를 높이는 제작자 등 많은 사람이 적지 않은 시간 동안 고생합니다.

내놓아도 부끄럽지 않은 책을 만들기 위해, 독자에게 도움을 주는 책을 만들기 위해, 제값 하는 책을 만들기 위해 치열한 고민과 진통을 겪는 건, 어쩌면 작가의 숙명과도 같습니다.

이 세상에 소중하지 않은 책은 없습니다. 조금 슬픈 사실은, 팔리는 책과 그렇지 못한 책으로 나뉜다는 것입니다. 하지만 모든 책은 그 나름의 존재 이유가 있습니다. 작가의 이야기를 간접 경험하며 내 인생 밖에서 벌어진 또는 벌어지고 있는 이야기를 제공합니다. 책은 그렇게 우리의 경험에 새로운 임팩트를 줍니다.

아픔 또는 고통도
콘텐츠의 재료

창의적 사고라고 하면, 사람들은 대게 "지금 당장 스티브 잡스가 되어 아이폰과 같이 지금까지 생각하지 못한 참신한 아이디어를 생각해내세요"라고 요구하는 줄로 압니다. 그건 불가능합니다. 당연하죠. 우리가 지금 도전하려고 하는 창의적인 세계는 더 간단합니다. 어딘가에서 조금이라도 새로운 요소를 탄생시킬 수 있다면 그걸로 족합니다. 계속 강조하지만, 기준을 조금 낮춰서 편하게 생각해보자는 것입니다.

우리는 무의식적으로 마음속에 많은 부담을 안고 살아갑니다. '새로운 발상을 하라고, 내게 그건 불가능한 일이야'하는 잘못된 생각도 그중 하나입니다. 사실 이런 일은 매우 흔합니다. 그리고 그것들은 자유로운 사고를 가로막는 무거운 짐이 되죠.

이러한 사고의 부하를 제거하는 것은 생각하는 힘을 기르는 데서 중요한 준비운동이 됩니다. 이 부하란 한마디로 스트레스입니다. 여기서 말하는 스트레스란 긴장뿐만 아니라 마음에 부담이 되는 것들, 예를 들어 잘못된 믿음, 콤플렉스, 우울감, 집착하는 마음, 원망, 질투, 피해망상, 자기 혐오 등 마음을 옭아매고 움직임을 둔화시키는 것 모두를 가리킵니다.

Q 스트레스를 줄이기 위해서 좋은 방법이 있나요?

잡빌더 더 나쁜 사태를 상상하는 것입니다. 이런 상상이 효과가 있을까 하고 미심쩍어할지도 모르지만 실제로 해보면 의외로 당면한 스트레스가 대수롭지 않다는 사실을 알게 됩니다.

이 모두가 지친 여러분의 마음을 스트레칭하듯이 풀어주는 작업입니다. 응어리진 마음을 풀어주면 마음이 편안해지면서 사안 자체를 마주 볼 수 있게 됩니다.

문제와 기분을 분리해서 생각할 것, 그리고 스트레스라는 무거운 짐을 내려놓을 것, 이 두 가지만 우선 실천해도 겹겹이 싸인 옷이 벗겨지고 커다랗게 보이던 문제의 본질이 보이게 됩니다. 어디서부터 생각해야 좋을지 모르겠다거나 생각에 전혀 진척이 없는 사람은 먼저 마음의 스트레칭부터 시작해봅시다.

또 지금 안고 있는 스트레스의 원인을 노트에 적어보는 것도 방법입니다. 막연히 싫다고만 하지 말고 구체적으로 적어봅시다. 그러면 신기하게도 자신이 연연했던 것이 불현듯 대수롭지 않게 보이고 마음이 가벼워질 것입니다.

저의 또 다른 부캐 잡빌더의 역할은 자신만의 콘텐츠를 발견하고 기획해 콘텐츠 크리에이터로 활동할 수 있게 만들어주는 것입니다. 많은 컨설팅을 하며 각자의 사연을 들으며 사람들의 삶이 참 특별하다는 것을 느꼈습니다. 그들의 인생 스토리 하나하나에 어느 것 하나 귀하지 않은 것이 없었습니다.

콘텐츠는 전문적인 지식과 정보가 있어야 만들 수 있다고 생각하지만 실제로는 그렇지 않습니다. 관련 자격증이 없고 전문가가 아니어도 일상과 경험을 통해 얼마든지 나만의 콘텐츠를 발견하고 기획할 수 있습니다.

세상에 하나뿐인 콘텐츠를 만들고 싶다면 가장 먼저 자신의 내면을 들여다봐야 합니다. 잘하는 일뿐만 아니라 상처와 아픔까지도 콘텐츠로 기획될 수 있기 때문입니다.

저는 40대 중반 운영하던 사업체가 큰 부도가 났습니다. 세상의 밑바닥까지 추락했습니다. 삶을 포기하고 싶었지만 악착같이 견뎌냈습니다. 아픔을 이겨내는 과정이란 주제로 집필한 책이 바로 〈다시, 일어서다〉입니다. 스토리가 콘텐츠가 되어 다시 책으로 만들어진 것입니다.

저처럼 고통을 겪고 이겨 낸 삶의 스토리도 누군가에게 희망이 되고 위로가 되는 콘텐츠가 될 수 있습니다. 혹시 당신도 고통을 극복 중인가요? 그 견뎌낸 시간을 기록해봅시다. 세상에 감동을 줄 수 있을 것입니다.

콘텐츠를 기획하는 과정은 나 자신을 발견하는 여행과도 같습니다. 그 과정에서 최대 수혜자는 바로 당신입니다. 용기를 갖고 시작합시다. 콘텐츠가 당신을 기다리고 있습니다.다.

오리지널리티
(originalty)

"어떻게 하면 팔리는 콘텐츠를 만들 수 있을까?"

모든 콘텐츠 크리에이터의 고민입니다. 그런데 실은 답은 뻔합니다. 다른 콘텐츠와 차별화하면 됩니다. 크리에이터들은 독창적인 콘텐츠를 만들기 위해 머리를 싸매고 고민합니다. 기발하고 특이한 아이디어를 떠오르기를 기대하며, 튀는 아이템을 찾아 헤맵니다. 그러나 좀처럼 묘안이 떠오르지 않습니다. 차별화를 다룬 수많은 책에 실린 사례들은 많은데, 막상 그렇게 기발한 생각을 해내기란 쉽지 않습니다.

대다수 콘텐츠는 소리 없이 사라집니다. 그러나 어떤 콘텐츠는 사람들 사이에서 유통됩니다. 어떤 것들은 사람들 사이에서 알아서 퍼지는 데, 어떤 것들은 허무하게 묻히는 경험을 거듭합니다. 그 차이를 오랫동안 고민하여 얻은 결론은 '오리지널리티(originalty)'입니다. 오리지널리티는 바로 남들에게 없는 독창성입니다. '~답다'라는 말을 붙여보면 오리지널리티가 있고 없음을 짐작할 수 있습니다. 거창하지 않더라도 그런 '~다움'이 그 콘텐츠를 더 특별하게 보이도록 만듭니다.

콘텐츠뿐 아니라 콘텐츠를 발행하는 메신저도 오리지널리티가 있으면 더 좋습니다. 오리지널리티를 갖추면 비슷한 결의 사람도 모을 수 있습니다. 나의 독창성을 '독특한 관점'으로 이해해주는 사람들이 모이고, 함께 이야기를 나누면 결국 브랜드가 됩니다.

Q **그럼 오리지널리티는 어떻게 갖출 수 있나요?**

잡빌더 독창적인 콘텐츠를 만들기 위해서는 기록을 콘텐츠로 만드는 변환 장치가 필요합니다. 그리고 변환 장치 중 가장 쓸모 있고, 바로 적용해 볼 수 있는 것이 바로 나의 철학으로 재해석한 '기획력'입니다.

예를 들어보면, 신문 기사를 통해 '현대자동차 펠리세이드가 역대 최대 판매량을 달성했다'라는 내용을 접하게 됐다고 해봅시다. 이를 내 공간에 옮기는 것은 기록입니다. 하지만 이 기록에는 독창성, 즉 오리지널리티가 없습니다.

이제 나만의 관점을 더해 펠리세이드의 성장을 다시 살펴봅니다. 내 관심사는 '시대 흐름'이라고 가정해 봅시다. 다음처럼 펠리세이드의 성장을 나만의 관심사와 연결해서, 어떤 콘텐츠를 만들어 볼 수 있을지 기획해 보는 것입니다.

위와 같은 식으로 조금 더 캐주얼한 느낌의 콘텐츠를 만들 수 있습니다.

정리하면 기록에 내 관심사를 더해 새로운 콘텐츠를 기획해 보는 연습, 오리지널리티 콘텐츠를 만들기 위해서는 꼭 필요한 연습입니다. 저역시 수없이 연습했고, 지금도 계속하고 있습니다.

꼭 알아 둬야 할
서브타이핑(subtyping) 전략

"틈새 소비자 욕구를 공략했더니 시장에서 반응이 뜨겁네요."

최초가 되는 것은 콘텐츠 기획에서 무엇보다 중요합니다. 그러나 누구나 완전한 최초가 될 수 없으므로 우리는 서브타이핑(subtyping) 전략에 대해 꼭 알아 둬야만 합니다. 서브타이핑이란 시장을 잘라내고 그 잘라낸 시장 안에서 최초가 되라는 말입니다. 그럼 우리는 최초가 될 수 있고 그로 인해서 얻는 마케팅의 효율은 엄청날 것입니다.

서브타이핑은 다른 말로 카테고리의 법칙이라고 하는데 카테고리별로 나누어진 시장 안에서 그 시장을 잘라내고 약간은 다른 방식으로 접근한다면 최초를 선점할 수 있습니다.

마케팅에서 최초가 가장 효과가 있다는 것은 이미 입증되었습니다. 서브타이핑이 최초가 되는 방법 중 가장 쉬운 방법일 것입니다. 그 이유는 우리가 알고 있는 모든 제품과 서비스는 이미 평준화가 되어있고 우리 삶에 필요 이상으로 충족되어 있기 때문입니다.

세계적인 마케팅의 거장 세스 고딘 역시 자신의 저서에서 서브타이핑의 원리를 주장했습니다. 이제 이 세상에는 단 하나의 전략밖에 남지 않았다고 다음과 같이 말했습니다.

- 극소수 집단을 위한 제품을 만들고 그 시장만을 선점하여 이익을 얻는다.
- 또 다른 극소수 집단을 위한 제품을 만들고 그 시장을 선점하여 이익을 얻는다.
- 이 과정을 반복한다.

선도자가 있는 시장을 잘라 내어 또 다른 시장을 만들어내는 것을 시장 이원화 즉 '서브타이핑(subtyping)'이라고 합니다. 서브타이핑의 사전적 의미에는 '떼어낸다'가 있습니다. 즉 기존의 시장을 나눈다는 의미입니다.

블랙스완이라고 들어보셨나요? 백조를 팔려고 하는데, 이미 세상에 백조가 있었습니다. 그래서 블랙스완이라고 팔기 시작했습니다. 블랙스완이 시장에 나타나면서 갑자기 난처해진 게 그냥 백조입니다. 그전에는 백조라고 하면 당연히 흰색이었는데 이제는 화이트 스완이 되어버린 겁니다. 백조가 백조 중 하나가 되어버렸습니다.

그렇게 후발주자는 반드시 시장을 세분화해서 세분화한 시장에서 1등이 되어야 합니다.

단순히 나누는 것이 아니라 상대방을 밀어내며 나의 자리를 만드는 것, 기존 시장을 잘라 내어 서브타이퍼가 되는 것으로는 충분하지는 않습니다. 좋은 전략은 시장을 나눔으로써 상대방을 밀어내고 나의 자리를 만들어내는 것입니다. 다음처럼 말이죠.

하이트 맥주	'천연 암반수로 만든 깨끗한 맥주' 카피를 통해 기존 맥주는 안 깨끗한 맥주, 하이트는 깨끗한 맥주로 서브타이핑을 하며 기존 것을 밀어냈던 사례
자일리톨 껌	약병 모양의 통에 담긴 자일리톨은 자기 전에 씹는 껌이라고 광고를 시작했고, 치아에 좋은 껌이라는 카테고리를 창조해내면서 동시에 기존 껌들과 차별적 지위를 만들어 냄

팔리는 콘텐츠를
선택하는 출발점

메이지 대학교 교수이며 지식에 실용을 더한 철학으로 주목받는 '사이토 다카시'는 저서 〈세계사를 움직이는 다섯 가지 힘〉에서, 결국 세상을 움직이는 근원적인 힘은 차이를 만들어내 차별화하는 것으로 가치를 창조하려는 데서 나온다고 규정합니다. 그것이 봉건주의·자본주의·사회주의 같은 거대 시스템이 되었든, 불교·기독교·이슬람교와 같은 종교가 되었든, 나이키·스타벅스·애플과 같은 브랜드가 되었든, 끊임없이 다름을 추구하려는 인간의 욕구가 세계사를 움직이는 원천이 되었다는 것입니다.

이 책을 읽고 있는 지금도 엇비슷한 콘텐츠들이 무수히 쏟아져 나오고 있습니다. 치열한 경쟁에서 살아남으려면 기존 콘텐츠와 달라야 하므로 차별화가 곧 생존전략이라는 데는 누구도 이견이 없을 것입니다.

그런데, 재미있는 사실은 선택의 폭은 늘어날지 몰라도 역설적으로 의미 있는 차이는 점점 줄어들고 있다는 점입니다. 경쟁 상대보다 부족한 점을 채우는 과정에서 엇비슷하게 평준화된 것입니다.

많은 크리에이터가 차별화라는 이유로 자꾸 약점을 보강하는 데 치중한 나머지, 자기만의 강점을 살리지 못해 특징 없는 콘텐츠가 되고 맙니다.

Q **장점을 강화해서 더욱 차별화를 꾀하는 것도 좋지만, 결정적인 단점은 보완하지 않은 채 그대로 남아있다면, 그건 문제 아닌가요?**

잡빌더 독일 식물학자 유스투스 폰 리비히가 설명한 '최소량의 법칙'을 보면 식물이 자라는 데는 탄소, 수소, 질소, 인, 황, 칼륨, 칼슘, 마그네슘, 철분 등 10여 가지 원소가 꼭 필요합니다. 만약 하나라도 없거나 부족하게 되면 다른 원소가 아무리 많아도 식물은 정상적으로 자랄 수 없습니다. 그는 이를 기다란 나무판자를 붙여서 만든 물통에 빗대어 설명합니다. 통에 물을 채울 때 '아무리 다른 판자들이 높아도 짧은 하나의 판자 하나 때문에 그곳으로 물이 새나가고 만다'라는 것입니다. 다시 말해 '생장은 자원의 총량이 아니라 최소량의 요소에 의해 결정된다'라는 것입니다.

콘텐츠 역시 마찬가지입니다. 장점을 강화하기 위해 무언가를 희생한다면, 콘텐츠의 가치는 그 부족한 부분에 의해 결정됩니다. 최소량의 수위가 곧 사람들이 인식하는 그 콘텐츠의 수준인 것입니다. 따라서 일단 최소량의 수위를 골고루 맞추되(팔리는 콘텐츠 필요조건), 무엇을 더할지(팔리는 콘텐츠 충분조건) 고민해야 합니다.

다른 조건들이 유사하다면, 다시 말해 최소량의 법칙이 충족된다면, 그 후에 사람들은 작은 차이로 쉽사리 결정을 내리곤 합니다. 놀랍게도 팔리는 콘텐츠를 선택하는 출발점이 바로 이 작은 차이입니다.

세계 최고의 물류 업체인 페덱스(Fedex)는 우편배달의 신뢰성이나 우수한 서비스, 낮은 분실률 등을 강조할 수 있었겠지만, 다른 건 최소량의 법칙에 맡기고 '다음 날 아침까지 배달 보장'만을 내세웠습니다. 이 작은 차이, 출발선에서 5도만 각도를 틀어도 도착 지점은 100km의 차이가 나는 전혀 다른 결과를 낳습니다. 조금만 달라도 시장을 지배할 수 있습니다.

팔리는 콘텐츠를
기획하는 핵심 전략

나만의 철학을 키우기 위해 끊임없이 노력하고 아직도 답을 찾아가는 중입니다. 그리고 어떻게 하면 이를 체계화할 수 있을지 고민했습니다. 뭔가 시스템으로 체계화하면, 더 쉽게 자기 철학을 얻는 것이 가능해지지 않을까 싶었습니다. 그래서 제가 구축한 '나만의 콘텐츠 만들기 프로세스'는 다음처럼 설명할 수 있습니다. 바로 '공통점 발견 → 차이점 찾기'입니다.

사람들은 어려서부터 자주 봐온 사람들에 대해 템플릿(template), 즉 전형적인 형태 (또는 형판)를 갖고 있습니다. 그래서 우리가 누군가 낯선 한국 사람을 만나도, 템플릿과의 차이점만을 파악하고 인식하므로 어렵지 않게 구분할 수 있습니다. 하지만 동양인은 상대적으로 백인이나 흑인을 볼 기회가 적기에 그들에 대한 템플릿을 갖기 어렵습니다. 그런 상태에서 그들의 얼굴을 구별하려면 많은 정보를 추가로 인식해야 하므로 그 차이를 쉽게 구별하지 못하는 것입니다.

사람들은 주변의 사물에 대해서도 각자의 템플릿을 갖고 있습니다. 예를 들어 '커피는 이런 맛이라든지', '텀블러는 이런 것'이라는 자기 나름의 다양한 형판입니다. 연필, 휴대폰, 카메라, 자동차에 대해서도 각 카테고리의 대표적 이미지를 가지고 있습니다.

결론부터 말하자면, 구독자의 머릿속에 내 콘텐츠와 관련된 템플릿이 있다면 차별화된 콘텐츠를 기획하기가 훨씬 쉬워집니다. 따라서 내 콘텐츠의 차별점을 인식시키려면 사람들이 가지고 있는 템플릿을 잘 활용해야 합니다.

막연하게 '내 콘텐츠는 다르다'라고 백날 외쳐봐야 소용없습니다. 독창적인 콘텐츠를 기획할 때는 다음 '밀러'처럼 공통점을 먼저 발견하고 차이점을 찾으면 좋습니다.

"최고의 맛이면서 포만감은 덜해요(Great Taste, Less Filling)."

1970년대 미국 맥주 시장은 버드와이저가 시장을 장악하고 있었습니다. 즉 맛있는 맥주라는 카테고리의 리더는 버드와이저였습니다. 경쟁사의 밀러는 '저칼로리 맥주'라는 새로운 카테고리를 개발했으나, 이를 알릴 방법을 찾지 못해 고심하고 있었습니다. 이때 내놓은 슬로건이 밀러라이트의 그 유명한 "최고의 맛이면서 포만감은 덜해요(Great Taste,

Less Filling)."입니다.

[낯선 신제품, 밀러 라이트를 효과적으로 알리기]

공통점	버드와이저처럼 맛을 강조: Great Taste
차이점	탄수화물이 적어 배가 덜 부르다는 점: Less Filling

이런 원리는 팔리는 콘텐츠를 기획하는 핵심 전략입니다. 우리는 흔히 차별화라고 하면 먼저 남과 달라야 한다는 데만 신경을 씁니다. 그런데 도대체 '무엇(혹은 누구)과 차별화할 것인가?' 같은 비교 대상을 먼저 정하지 않으면 차별화 전략은 길을 잃고 우왕좌왕 헤매기 쉽습니다. 독창적인 콘텐츠를 만들기 전에 비교가 되는 대표 카테고리, 즉 누구의 등을 밟고 올라설지를 정하는 것이 중요합니다. 정리하면 구독자에게 마켓리더와의 공통점을 내세워 콘텐츠가 속한 카테고리를 알린 후에 차이점을 인식시키는 것입니다.

기획력

기록력

전달력

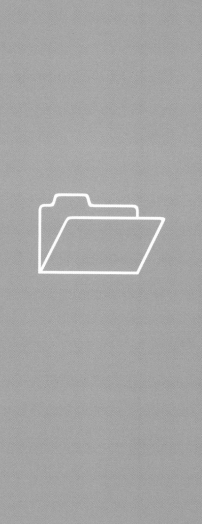

1

일단
기록부터 하자

즉시 실행하기

보통 콘텐츠 크리에이터라고 하면 유튜버를 떠올립니다. 하지만 제가 말하는 콘텐츠 크리에이터는 유튜버만을 지칭하지 않습니다. 콘텐츠 크리에이터를 새로운 관점에서 바라볼 필요가 있습니다. 이들은 하나의 플랫폼에만 머물지 않고 다양한 플랫폼에서 경계를 넘나들며 활동하는 사람입니다. 자신만의 콘텐츠를 기획해 유튜브, 팟캐스트, SNS, 1인 미디어 활동은 기본이고, 더 나아가 책 쓰기, 칼럼 기고, 대중 강연, 기업 교육, 방송과 라디오까지 출연합니다.

잘 만든 콘텐츠 하나로 여러 가지의 일을 만들어내는 것입니다. 콘텐츠를 잘 만들기 위해서는 앞서 말한 기획력은 당연히 필요하고 또 하나의 힘, 생각을 행동으로 옮기는 힘, 그 힘이 있어야 합니다.

'책을 쓰고 싶다면 어떻게든 책을 써내는 힘!', '유튜버가 되고 싶다면 영상을 매일 촬영하고 편집하고 업로드까지 해내는 힘!', '강사가 되고 싶다면 콘텐츠를 잘 정리해 강의안을 만들고 청중 앞에서 두려움을 극복하고 소리치는 힘!'이 있어야 합니다.

이런 힘을 가장 쉽게 설명하는 방법이 무엇일까 고민하던 끝에 드디어 찾았습니다. 바로 저의 이야기입니다. 지난 5년간 30권 이상의 책을 썼고, 1,000회 이상 강연을 기획한 이야기, 그리고 세금 및 회계에서부터 글쓰기와 책 쓰기, 그리고 콘텐츠 기획까지 다양한 장르를 넘나들며 퍼스널 브랜딩을 구축한 스토리라면 충분히 잘 설명할 수 있을 것 같았습니다. 그래서 이 책에서 정리해보고자 합니다.

팔리는 콘텐츠를 기획하고, 이것이 강의가 되고 책으로 완성되어 가는 과정과 하나의 콘텐츠가 어떻게 확장되는지 지켜보는 재미가 있을 것입니다.

책을 읽다 아이디어가 떠오르면 즉시 생각을 기록하고 실행에 옮겨 당신만의 콘텐츠를 만들어보기 바랍니다. 다시 말하지만, 즉시 실행해야 합니다. 너무 오래 고민하지 말고, 빠르게 실행해서 일단 결과물을 만들어야 합니다. 성공하면 좋은 일이고, 실패하더라도 혼자서는 알 수 없던 개선점을 찾을 수 있으니 손해 볼 건 없습니다.

실행이 관건입니다. 기획은 결과물이 나와야 비로소 좋고 나쁨을 평가할 수 있습니다. 그리고 결과물을 얻기 위해서는 일단 실행해야 합니다. 블로그 정체성을 만들어야 하는 활동 초반에, 매일 한 번은 꼭 글을 쓰자 다짐했던 것도 그런 이유였습니다. 잘 썼든 못 썼든 일단은 세상에 내놓아야 평가받을 수 있습니다.

물론 고민의 시간이 길수록 콘텐츠의 깊이를 더해 좋은 결과물을 만들어 낼 수도 있을 것입니다. 하지만 저의 경우 오래 묵혀두면서 고민을 한 기획은 특유의 무게감 때문인지 지나치게 힘이 들어가거나, 만들다가 제풀에 지쳐 힘없은 콘텐츠가 되었습니다. 오히려 '해볼까?'라고 문득 든 생각을 바로 실행하니, 혼자만의 고민에 쓸 시간과 에너지를 콘텐츠의 소비자 피드백에 집중해 오히려 좋은 콘텐츠로 만들어졌습니다.

콘텐츠로 만들기 위해서는, 어떻게든 결과물을 내야 합니다. 기획을 잘 하는 사람보다 실행을 잘 하는 사람이 더 주목받을 확률이 높은 것도 그런 이유입니다.

어떻게든 실행을 해봅시다. 거창하게 시작하지 않아도 됩니다. 지금 당장 블로그부터 만든다면 그것만으로도 이미 시작인 셈입니다.

활자 콘텐츠에
대한 강한 믿음

Q **왜, 유튜브는 안 하나요?**

잡빌더 영상에 관심이 없는 것은 아닙니다. 그보다는 제가 잘할 수 있는 것에
더 집중하려고 합니다.

유튜브 영상 한 편을 만드는 시간에, 블로그 글 서너 개를 작성할 수 있
다면, 블로그에 글을 쓰는 것이 제게 더 맞는 방식이 아닐까, 결국 이것
도 우선순위의 문제입니다.

그래서 열린 자세와 유연함도 물론 필요하지만, 결국 그럼에도 가장
중요한 것은 '내 문법'이라는 것이 요즘의 솔직한 생각입니다.

아무리 대중이 원해도 내가 할 수 없다면 결국 못하는 것입니다. 새
로운 콘텐츠에 관심을 가지고, 움직임에 대한 열린 자세는 가져야 하

지만, 그것의 결말이 꼭 '반드시 해야 하는 것'은 아닐 수 있다고 생각합니다.

그리고 오래 하려면, 내가 좋아해야 하고 내 성향과 맞아야 한다는 게 지난 5년간 배운 점입니다. 그리고 다른 사람을 따라 하는 것보다, 스스로 원칙을 가지고 집중했을 때 더 좋은 성과를 얻었습니다.

텍스트에 대한 강한 믿음이 있습니다. 콘텐츠 플랫폼이 유튜브로 단일화될 것 같진 않습니다. 유튜브는 유튜브대로, 블로그는 또 블로그대로 각자 고유 영역을 지켜낼 것이라는 믿음이 있습니다. 라디오가 등장하고, TV가 등장해도 활자 콘텐츠는 살아남았습니다.

소비자는 원하는 정보를 빠르게 습득할 수 있고, 생산자는 내 생각을 빠르게 기록할 수 있다는 점에서 모두, 텍스트는 훌륭한 창작 플랫폼이라 할 수 있습니다. 지속 가능한 기록 생활을 위해, 지속 가능한 텍스트 플랫폼에 머무르고 싶습니다.

"블로그 하려면 매일 쓰고 올리고 편집해야 하잖아. 어휴, 그걸 어떻게 해? 웬만큼 부지런하지 않으면 할 수 없거든. 그래서 블로그 한다고 하면 일단 기본적으로 성실한 사람이구나 생각하게 되더라고."

'그래, 나도 블로거야!'라는 왠지 모를 블로그 부심이 생겼습니다. 이제 제게는 어렵지 않은 일이지만, 생각해보면 누군가에게는 쉽지 않은 일입니다. 저는 오히려 유튜브 하는 사람들이 대단해 보입니다. 어떻게 매주 영상을 찍고 편집하고 올리냐고 유튜브 하는 사람들에게 물어보면 그들도 똑같이 대답합니다.

"재밌어요. 시간은 걸리지만, 이제는 익숙해져서 금방 돼요."

어쩔 수 없이 하는 일이 아니라 좋아서 하는 일은 노동의 총량을 의식하지 않게 됩니다. 이를테면 저에게 블로그는 '습관' 같은 것입니다. 아침에 눈 뜨자마자, 어디론가 이동할 때, 주말 아침 침대를 벗어나지 못한 채 틈날 때마다 하는 것, 누군가에게는 유튜브가 그런 것이겠죠.

독자 중심 사고

"독자를 위한 책을 써야 해요."

오랜만에 만난 편집자는 제게 이렇게 말했습니다. 저자의 삶과 인생 이야기가 책에 들어가도 되지만, 독자가 과연 저자의 인생 이야기가 궁금할까요? 많은 초보 저자들이 범하는 오류가 첫 책에서 지나치게 자신의 이야기를 많이 한다고 합니다. 책의 저자가 유명인이 아닌 이상 독자들은 그의 이야기에 큰 관심이 없습니다.

그럼 독자들은 궁금해하는 것은 무엇일까요? 바로 거기에 답이 있습니다. 콘텐츠 중심의 실용서여야 하고, 그 내용이 책에 세세하게 담겨야 합니다. 강의할 때도 마찬가지입니다. 가급적이라면 강사 자신의 이야기는 언급하지 않는 것이 좋습니다. 강의하는 강사라면 학습자를 철저히 분석해야 합니다. 유튜버들은 구독자를 분석한 후 채널을 기획해야 합니다. 책을 쓰는 저자라면 집필할 때는 오직 독자만을 생각하며 책을 써야 합니다.

Q 포스트·블로그에 글을 게시할 때, 글자 수와 사진은 어떻게 배합하는 것이 좋나요?

잡빌더 먼저 글자 수는 최소 600자, 일단 조금 길면 좋습니다.

다음은 이미지와 글자 배치, 어떤 기준에 따라야 할까요. 구독자들이 가장 편안함을 느끼는 이미지와 글의 배치면 가장 좋습니다. 네이버 블로그앱 기준, 이미지 하나당 8줄 정도의 텍스트가 있으면 좋습니다. 1개의 이미지 아래 8줄이 가고, 다시 1개의 이미지를 배치한 뒤 8줄의 글을 구성하는 방식입니다.

Q 왜 구독자는 8줄에 편안함을 느끼나요?

잡빌더 사람들이 '지금'이라고 느끼는 시간, 다시 말해 순간 집중력을 발휘할 수 있는 주의지속시간, 그게 8초입니다. 자의적으로 8초라 한정한 게 아닙니다. 마이크로소프트가 주의지속시간과 관련해 '인간이 한 사물에 집중하는 평균 시간'을 조사한 연구 결과입니다. 2000년까지는 이 시간이 12초였는데, 모바일 중심으로 미디어 환경이 급변하면서 그 사이 4초나 줄어들었습니다.

그러므로 순간 집중이 8초간 지속한다고 합시다. 모바일에서 포스트를 띄워놓고 글을 읽어간다고 가정할 경우 '한 줄 = 1초'로 보면 정확히 8초에 8줄 정도를 눈으로 읽을 수 있습니다. 이미지 하나를 보고 글 8줄 읽는 시간까지 최대한 집중할 수 있다는 뜻입니다. 이 8초 마디가 지나가면 주의집중이 풀립니다. 다시 이미지 하나와 8줄의 글이 채워지면, 순간적으로 또다시 집중하게 됩니다.

기록 + 철학 = 팔리는 콘텐츠

실용적 글쓰기에서 형식적인 구성도 중요하지만, 더 중요한 것은 전달하고자 하는 주제와 관점입니다. 즉, 주장이 뚜렷하고 근거도 풍부하다면 형식은 조금 어설퍼도 문제 될 것이 없습니다.

실용적 글쓰기는 한 마디로 가치를 다루는 글입니다. 가치란 판단하는 기준이 되는 근본 개념을 가리키는 말입니다. 평소에 정신적 가치, 물질적 가치라는 말을 씁니다.

'정신적 가치'란 판단 기준을 정신적인 것에 둔다는 뜻이고, '물질적 가치'란 물질을 판단 기준으로 삼는다는 말입니다.

친구에게 "야, 그건 나쁜 짓이야."라고 말하려면 우리의 생각 속에 '좋음'에 대한 기준이 서 있어야겠죠. 좋음을 판단하는 기준이 바로 가치입니다.

이 가치가 사람마다 다 같지는 않다는 점이 문제입니다. 생텍쥐 페리의 소설 〈어린 왕자〉에서 어린 왕자는 소중한 집의 가치를 '집값'에 두는 어른들을 도무지 이해하지 못합니다. 반면 우리는 물질적 가치를 중요하게 여기는 시대에 살고 있습니다. 집값 같은 것이 판단을 많이 좌우하죠. 그러면서도 우리는 〈어린 왕자〉를 읽으며 그 내용에 깊이 공감합니다. 정신적 가치가 중요하다는 점을 여전히 알고 있다는 말이겠죠.

다양한 인풋을 미친 듯이 찾아 습득한 이유는 더 나은 기록을 하기 위해서였습니다. 도서관에서 책을 빌려 읽어보고 블로그, 인스타그램, 네이버 카페를 찾아보는 것은 기본이고 전시회, 강연 등 의무감에 가까운 마음으로 참석했습니다. 많고 다양한 인풋을 통해 자기 철학으로 해석하는 힘이 생기기 시작했습니다. 단순히 '보고 들은 것'을 나열하는 기록이 아니라, 느낀 것을 서술하는 기록으로 바뀌며 나만의 철학으로 쓴 콘텐츠를 만들었습니다

나만의 철학이 없는 상태에서는 먼저 누군가의 지식을 일방적으로 수용해야 합니다. 일방적으로 누군가의 지식을 인풋하는 단계를 거치면, 어느 순간 자기 철학이 생기는 것을 경험하게 됩니다.

제 얘기를 해보자면, 세금 관련 책을 몇 권 정도 읽었을 때, 공통점을 발견하게 됩니다. 일단 세금 책은 세무사가 적었고, 그들은 하나 같이 '세금은 어려우니까 전문가에게 맡기고 당신은 본업에 집중해'라고 주

장하는 것입니다.

그런데 저의 생각은 달랐습니다. 생소한 용어들의 반복 사용으로 어려워 보이는 거지, 관련 내용은 어려운 게 없다는 것을 발견했기 때문입니다. 낯선 용어는 반복해서 읽다 보면 어느새 친근한 용어로 바뀌고 내용은 전혀 어렵지 않았습니다. 그래서 저는 이렇게 주장합니다.

'모르고 맡기지 말고 알고 부리세요. 모르고 맡긴다고 절세는 되지 않습니다. 절세의 주체는 당신입니다.'

저만의 세금 철학이 생긴 것입니다. 이 단계가 되면 지식의 편집이 가능하게 됩니다.

특정 지식의 정보는 관련 책을 읽고 인터넷 검색을 통해서 가능합니다. 아주 방대한 정보가 넘쳐나는 시대, (이 방대한 정보 중에 쓸만한 정보를 고르는 것도 일입니다.)절대 정보가 부족할 일은 없으니 걱정하지 않아도 됩니다. 여기서 주의할 점은 자기 철학이 생기기 전에 지식의 편집이 이루어지면 안 된다는 것입니다. 이때 지식을 편집하게 되면 단순한 인용이 되기 때문입니다.

처음에는 저의 주관적인 관점으로 쓴 기록을 사람들이 공감해줄까 걱정하기도 했지만, 기록하는 것이 우선이지, 공유가 우선은 아니었습니다. 그렇게 생각하기로 한 후, 제가 가진 철학을 더한 기록을 써나가기 시작했습니다. 그리고 이렇게 만든 콘텐츠에 공감해주는 사람들이 생기면서 콘텐츠는 조금씩 알려지기 시작했습니다.

나만의 철학으로 재해석해 기록하면 독창적인 콘텐츠가 만들어집니다. 나만의 방식으로 해석하고, 내 철학을 반영하는 것이 중요합니다. 그리고 그것을 토대로 콘텐츠를 만들면, 그것이 나만의 콘텐츠가 될 수 있습니다. 결국 '자기 철학으로 재해석이 된 기록'이어야만 팔리는 콘텐츠가 될 수 있습니다.

좋은 퍼포먼스 내기

대부분 사람은 하루에 최소 8시간은 일을 합니다. 거기에 출근을 준비하는 시간, 출퇴근 시간까지 합치면 하루 10~11시간 이상은 본업에 시간을 쏟고 있죠.

본업과 부캐, 이 둘을 동시에 하기 위해서는 최대한 효율적으로 시간을 써야 합니다. 부캐에 쏟을 수 있는 물리적 시간은 퇴근 후 3시간 남짓, 그리고 주말뿐입니다. 그런데 주말에는 계속 집에만 있는 것도 아니고, 친구를 만나고, 취미 생활 그리고 여가 생활도 해야 하니 일주일에 부캐를 위해 쓸 수 있는 물리적 시간은 많아야 15시간 남짓입니다.

Q **한정된 시간에 최대한 좋은 퍼포먼스를 내는 것이 중요한 건 알겠는데, 쉽지 않습니다.**

잡빌더 그렇죠. 처음에는 매주 블로그에 글 한 편을 올리는 것만으로도 벅찰 것입니다. 그러다 시간이 지나 더 효율적으로 빠르게 글을 쓸 수 있게 되고, 그만큼 새로운 시간이 만들어집니다.

이런 일을 가능하게 만드는 가장 큰 힘은 바로 '습관 만들기'입니다. 습관으로 자리 잡히면 처음 걸리는 시간보다 훨씬 더 짧은 시간만으로도 같은 퍼포먼스를 낼 수 있습니다. 처음에는 3시간 걸리던 일이, 습관이 되면 1시간, 심지어 30분으로 줄어드는 거죠. 그럼 새로 생긴 시간에 다른 일을 할 수 있습니다.

습관으로 만들어 효율성을 높이는 과정을 '내 시스템을 만든다'라고 정의하고, 이 시스템 최적화를 위해 끊임없이 개선해야 합니다.

예를 들면 글을 쓸 때, 저의 글쓰기 과정은 크게 다섯 단계로 나눌 수 있습니다. '글감 - 기획 - 개요 - 글쓰기 - 수정'입니다. 글쓰기 과정을 효율적으로 실행하기 위한 프로세스입니다.

먼저 글감은 아이디어가 떠오를 때마다 전부 메모해둡니다. 그 뒤, 가장 눈에 띄는 키워드를 골라 기획하는 과정을 통해 글의 핵심 메시지를 만들고, 개요를 작성합니다. 이를 토대로 글을 씁니다. 그리고 글을 다시 수정한 뒤, 최종 발행을 합니다.

그런 뒤 다시 다음 글 소재를 선택합니다. 이렇게 글 쓰는 과정을 단계별로 나누고, 단계별 마감일을 스스로 정해 루틴이 될 수 있도록 하는 것입니다.

이렇게 콘텐츠를 기록하고 전달하는 '기록 생활'은 포트폴리오가 됩니다. 어쩌면 진짜 나를 설명하는 포트폴리오가 될 수 있습니다. 또 이런 기록 생활은 순수한 나의 힘을 보여주는 좋은 기회가 되기도 합니다. 나의 역량이 어디까지인지를 객관적으로 보여줄 수 있습니다.

기록의 장점은 무수히 많지만, 계속 꾸준히 하는 사람들이 많지 않습니다. 그만두는 이유를 살펴보니 대부분 '성취감이 부족해서' 입니다. 성취감이 있어야 오래 할 수 있습니다. 더 많은 사람이 구독해주고, 댓글과 관심, 피드백을 남겨줘야 할 맛이 납니다.

따라서 성취감을 느끼기 위해서는 우선 사람들이 내가 만든 콘텐츠를 찾아봐야 합니다. 그리고 사람들이 찾아보는 콘텐츠가 되기 위해서는 독창적인 콘텐츠가 필요합니다. 독창적이지 않으면 사람들은 찾아보지 않습니다. 볼 것 많아진 세상 속에서 특히나 내 생각, 내 기록을 찾아와서 보게 하려면 누구도 시도한 적 없는 나만의 콘텐츠는 필수입니다.

기록하는 힘 키우기

보통 기록이라 하면 짧은 글이나 일지, 회의록 같은 것을 떠올리는데, 굳이 글이라는 형식에 집착할 필요는 없습니다. 사람에 따라 그림을 그리거나 사진 또는 영상을 찍는 방식으로 자신의 기록을 남길 수도 있습니다.

저는 하루 동안 겪은 느낌, 일에 대한 고민, 사람들과 나눈 대화, 유튜브나 책, 넷플릭스에서 기억에 남은 구절들을 모두 기록에 포함합니다. 친구들과 재미로 찍은 영상이나 인스타 라이브, 직접 만든 독립출판물도 당연히 기록이 될 수 있습니다.

기록하는 사람과 기록하고 싶은 사람, 이렇게 두 가지 유형의 사람으로 나눠 볼 수 있습니다. 저는 작가라 그런지, '기록하는 사람'에서 더 나아가 기록이라는 행위를 사람들과 '공유하는 사람'으로 발전하고 싶습니다.

기록의 힘은 큽니다. 아주 유명한 쉐프가 아닌 다음에야 요리 방법은 별반 다르지 않습니다. 그렇다면 재료 싸움이죠. 재료에 대한 이해도가 높을수록 유리한 건 당연하죠. 어떤 재료를 조합해야 색다른 맛이 나는지 알기 때문입니다. 콘텐츠도 마찬가지입니다. 제가 해온 기록이 작가 최용규의 역량에 도움이 될 때 보람을 느끼고, 또 힘을 얻습니다.

Q **기록할 블로그를 만들기는 했는데, 무엇을 올릴지 막막하네요.**

잡빌더 블로그를 만들었다는 것은 내 생각을 쌓아나갈 준비를 끝냈다는 것입니다. '어디에 올릴지'를 정했으니, 이제 필요한 건 '무엇을 올릴지'입니다. 퍼스널 브랜딩까지 고려하고 만들었다면 당연히 콘셉트가 필요합니다.

오랫동안 블로그에 콘텐츠를 게시하려면 관심사를 고려해야 합니다. 즉 내가 좋아해야, 내가 관심이 있어야 지속할 수 있다는 말입니다. 이 점은 매우 중요합니다. 뚜렷한 성과가 없더라도, 내가 즐겁다면 꾸준히 콘텐츠를 쌓을 수 있는 원동력이 되기 때문입니다.

먼저 '내가 좋아하는 것'을 대략 10가지만 적어봅시다. 그다음 공통으로 묶을 수 있는 부분이 있다면 묶어 봅시다. 그러면 핵심 키워드로 두세 가지 정도를 뽑을 수 있습니다. 그 핵심 키워드가 이제 콘셉트가 되는 것입니다.

내가 좋아하는 관심사이므로 알아보고 기록하는 것이 즐거워집니다. 내 생각도 풍부해집니다. 다른 사람에게 '나 이런 거 좋아하는데, 어떻게 생각하나요?' 보여주고 싶어서 안달이 납니다. 그 즐거움은 블로그를 오랫동안 유지하는 힘으로 바뀝니다. 뭐든지 오래, 꾸준히, 성실하게 하는 것이 중요하다는 것을 깨닫고 있는데, 그 힘을 다른 곳이 아닌 '나'에게서 찾는 것입니다. 이 방법이 제일 간결하고, 제일 성공 확률이 높습니다.

이런 습관이 만들어지려면 기본적인 체력이 있어야 합니다. 기록에도 근력이 필요함은 물론입니다. 제가 정의하는 '기록 체력'은 신체의 형태와 기능을 기반으로 환경의 변화에 대응해 기록력을 계속 유지하는 힘입니다. 정의야 어쨌든, 기록하려면 정신과 신체가 두루 튼튼해야 합니다.

💬 Q 기록하는 힘을 기르는 비법이 있나요?

잡빌더 매일 하는 힘을 기른다는 점에서는 습관 만들기와 다를 바 없습니다. 매일 관찰하고 그에 대해 내 시각으로 적어보는 과정을 쉽게 하려면, 다시 말하지만 내가 흥미를 느끼거나 좋아하는 것에서부터 출발해야 합니다. 그래야 사진을 찍든, 글을 쓰든, 영상을 만들든 조금은 덜 힘들기 때문이죠. 그렇게 기록 체력이 길러지면 점차 '기록하는 인간'이 됩니다. 스스로 기록하고 있는지 의식하지 못할 정도로 자연스럽게 몸에 밴 것입니다.

한 페이지로 정리하는
콘텐츠 기획서

길을 걷다가도 좋은 기획안이 떠오르면 카페에 들어가 노트북을 열고 한 페이지 기획서를 만듭니다. 막연했던 생각이 기획서를 만드는 과정에서 구체화 되기 때문입니다. 기획서만 잘 만들어 놓아도 누군가에게 콘텐츠에 대한 생각을 논리적으로 전할 때 도움이 됩니다.

Q 기획서를 만드는 팁이 있나요?

잡빌더 기획서의 큰 흐름은 '이런 문제가 있다 → 이렇게 해결해야 한다'로 구성하면 좋습니다. 여기서 문제라는 것은 뭔가 잘못된 것이라는 말이 아니라, 바라는 일이 있는데 기대하는 것과 차이가 생겼을 때의 문제를 말합니다. 여기서 문제를 해결하는 활동이 '기획'이고, 그것을 정리한 문서가 바로 '기획서'입니다.

한 페이지 기획서를 만들려면 'WH Form'을 이해해야 합니다. 콘텐츠를 기획할 때는 What, Why, How에 관한 내용으로 작성해 보면 좋습니다. 단지 머릿속에 좋은 영감이 떠오른다고 해서 콘텐츠가 기획되는 게 아니라, 이렇게 기획서 작성을 해보는 작업을 통해 기획이 시작되는 것입니다.

콘텐츠 기획서는 한 페이지로 정리하는 것이 가장 좋습니다. 좋은 기획서는 간결하고, 불필요한 말 없이 핵심 내용만 담아야 합니다.

우리가 궁금할 때 대부분 What(무엇), Why(왜), How(어떻게)라는 세 가지 형태로 질문합니다. 예를 들어 취업 면접에서도 "본인 장점은 무엇이라고 생각하나요?", "왜, 지원했나요?", "취업 후 어떻게 되고 싶나요?" 등으로 묻는 경우가 많습니다. 이것도 역시 What, Why, How로 대응이 됩니다. 미리 이 세 가지 유형의 질문을 상정해 그에 대한 모범 답안을 준비해두면 상대가 알고 싶거나 듣고 싶은 것에 대해 명확하게 설명할 수 있습니다.

What, Why, How의 순서는 상황에 맞춰 유연하게 바꿔도 상관없습니다. 생각한다는 건 질문하고 답하기를 반복하는 행위입니다. 의문이 떠오르고 그에 대한 답을 찾으면 그 답이 또 새로운 의문을 만듭니다.

가령 신상품 기획에 관한 프레젠테이션 문서라면 우선 '이 상품의 장점은 무엇인가?'라는 질문을 쓰고 그 답을 적습니다. 그러면 적어놓은 답을 보고 '왜 이것을 장점이라 할 수 있는가?'라는 새로운 의문이 생겨납니다. 따라서 'What? → Why? → How?'처럼 생각할 순서를 미리 정해버리면 질문을 잘 떠올릴 수 없습니다. 그러므로 주제에 맞춰 순서를 유연하게 바꿔가면서 생각하면 좋습니다.

그럼 WH Form을 활용해 신규 기획 프레젠테이션 자료를 만들어 봅시다. 의류 회사에 근무 중인 직장인 A씨가 신상품 기획에 대해 프레젠테이션을 한다고 가정합시다. 자료를 읽는 사람과 목적을 정하고 순서는 다음과 같습니다.

- 전달 상대: 직장 상사와 임원
- 전달 목적: 신상품 기획 내용을 설명하고, 기획 진행 결재받기

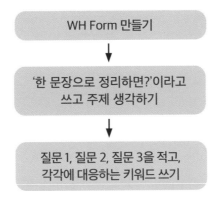

이 경우 직장 상사의 예상 질문은 다음과 같은 것들이 있을 것입니다.

- 질문 1: 이 상품의 장점은 무엇인가? (What)
- 질문 2: 왜 이것을 장점이라고 생각하는가? (Why)
- 질문 3: 어떻게 팔 것인가? (How)

이제 각각 빈칸에 키워드를 채우고 WH Form을 완성하면 다음과 같습니다. (참고로 키워드는 최대 세 개까지라는 의미입니다. 상황에 따라 두 개가 되거나 한 개가 되어도 상관없습니다.)

한 문장으로 정리하면?	○○ 신상품 기획과 런칭 프로모션		
질문 1. 이 상품의 장점은 무엇인가?			
질문 2. 왜 이것을 장점이라고 생각하는가?			
질문 3. 어떻게 팔 것인가?			

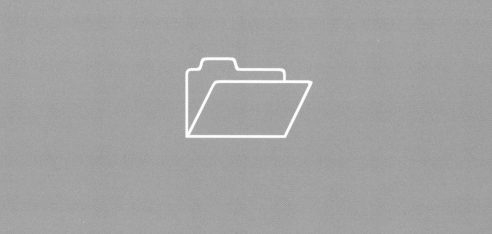

2

기록의 기술,
읽고 바로 써먹자

글로 쓰기 전에
먼저 말해보기

말을 잘하는 방법과 글을 잘 쓰는 방법은 분명 다릅니다. 구어체와 문어체가 다르며 전개 방식이나 표현법에서도 확연한 차이가 있습니다. 말을 잘한다고 글을 잘 쓰리라 기대할 수는 없습니다. 그 반대도 마찬가지입니다.

그런데 글쓰기와 말하기 사이에는 한 가지 공통점이 있습니다. 둘다 상대방에게 정보나 사실을 전달하거나 설득을 목적으로 한다는 사실입니다. 한마디로 글쓰기와 말하기 모두 메시지를 전하기 위해 행해집니다.

목적이 같고 언어를 매개체로 사용한다는 점에서 말하기와 글쓰기는 서로 통하는 관계이기도 한 것입니다. 그렇다면 글을 쓰기 전에 말로 먼저 정리해보는 건 어떨까요? 이렇게 하면 자연스럽게 입말을 연습하게 되고 글로 옮겼을 때 단어와 표현이 더 생생해지지 않을까요? 또 화두를 던지고 결론을 내리는 방법도 어렵지 않게 익힐 수 있지 않을까요?

말과 글은 따로 작용하지 않습니다. 저는 내용 정리가 잘 안 될 때 생각한 것을 먼저 말로 해볼 때가 많습니다. 앞에 상대방이 있다고 생각하고 처음부터 결론까지 일목요연하게 말을 해 보는 것입니다. '이 주제에 대해서는 말이야~'라고 시작해서 설득을 위한 논증을 하고, 사례를 제시하고, '그래서 이렇다는 것이지'하며 결론까지 내달립니다. 일단 이렇게 말로 전달할 수 있는 수준이 되면 글도 무난히 진행할 가능성이 큽니다. 반대로 말하는 중에 본인이 생각해도 설득력이 떨어지고 중간에 흐름이 막히면 대개 글도 그렇게 될 소지가 큽니다.

'글로 쓰기 전에 먼저 말해보기' 훈련의 장점은 내 주장의 핵심을 신속히 확인해 볼 수 있다는 것입니다. 또 말은 글보다 월등히 빨라 수정과 보완이 쉽습니다. 단 이 훈련을 할 때는 내 앞에 있는 상대방을 합리적이고 냉철한 논객으로 상정하는 것이 좋습니다. 그래야 내가 말하고자 하는 내용의 논리 구조가 더 탄탄해질 수 있습니다. 이런 방법은 실용적 글쓰기 실력을 높이는 데에도 유용합니다.

지금 시대는 길고 애매하고 추상적인 표현을 선호하지 않습니다. 속도에 민감해서 즉시 전달되고 의미가 분명한 표현을 원합니다. 따라서 설명이 많고 문장 호흡이 긴 글보다는 그 반대인 간결한 글이 먹힙니다.

말은 글보다 빠르고 핵심을 적나라하게 건드립니다. 그런 점에서 글을 쓰기 전에 말로 훈련을 해보는 것은 실용적 글쓰기 습관을 기르는 데 유익합니다.

말하기는 글을 쓸 때뿐만 아니라 글을 읽을 때도 도움을 줍니다. 원고를 다 읽은 후 방금 읽었던 것을 말로 요약해보면 글쓴이의 의도가 더 잘 보이고 원고의 장단점이 두드러집니다. 마지막 퇴고 과정에서도 원고를 소리 내어 읽어보면 좋습니다. 오탈자는 물론이고 주어와 서술어의 호응이 안 맞는 비문도 쉽게 발견할 수 있기 때문입니다.

사실이 참인지 거짓인지를 떠나, 학식과는 상관없이, 왠지 모르게 설득되는 사람의 글에는 다음과 같은 특징이 있습니다.

또박또박 쓴다.	어절과 어절 사이를 분명하게 끊어 쓴다. 구렁이 담 넘어가듯 어물쩍 쓰거나, 얼버무리지 않는다.
한 박자 늦게 쓴다.	떠오르는 대로 곧장 내뱉지 않고 잠시 생각한 뒤에 한 박자 늦게 쓴다.
과장하지 않는다.	정말, 진짜로, 되게, 완전, 대단히 등과 같은 꾸미는 부사어 남발은 하지 않아야 한다.
자기 사례를 쓴다.	어디에서 듣거나 책에서 읽은 얘기보다 자신이 직접 겪고 생각하고 느낀 글을 쓴다.

주제에 관점 부여하기

결론부터 말하자면 비즈니스 글쓰기는 주제에 관점을 부여하는 게 핵심입니다. 먼저 주제부터 살펴봅시다. '무슨 말을 할 것인가', 이것이 바로 주제입니다. 예를 들어 백화점에서 연말을 앞두고 와인 행사를 하는 소개하는 글을 쓴다고 합시다. 이때 주제는 다음과 같습니다.

주제	연말 맞이 와인 창고대전

그런데 주제만 있어서는 정보가 이해하기 쉽게 전달되지 않습니다. 단지 행사를 소개하는 정보의 나열에 그칠 수 있습니다. 그래서 이런 안내문을 쓸 때는 보기 편하면서 정보를 알기 쉽게 전달하려고 관점을 더해야 합니다. 그러면 주제에 관점을 입혀봅시다.

주제	연말 맞이 와인 창고대전
관점	와인에 관해 잘 아는 연예인이 추천하는 제품을 인지도 기준으로 순위를 매겨 보여준다.

관점을 추가해 와인에 관해 잘 아는 연예인이 인지도 높은 와인을 소개하는 구성으로 글을 쓰면 어떤 식으로 전개될지 이해하기 훨씬 쉽고 정보에 부가가치가 생겨서 상대가 안내문을 계속 보고자 하는 마음이 들게 됩니다. 그런데 정보에 주제와 관점이 없으면 핵심이 무엇인지 파악하기 어려울 뿐 아니라 글을 읽고 싶은 생각조차 들지 않습니다. 거꾸로 말하면 사소한 일상 내용이든, 기획서든, 설명서든, 프레젠테이션 등을 구성할 때 주제에 관점을 추가하는 순간 이해하기가 쉬워집니다.

신상품인 강력한 성능의 청소기 특징을 프레젠테이션하는 상황을 예로 들어봅시다. 주제는 다음과 같이 쓸 수 있습니다.

'강력한 성능을 가진 청소기의 편리함과 기능을 소개한다.'

여기까지는 간단합니다. 다만 그다음을 전혀 생각하지 않으면 시종일관 담담하게 상품의 특징만 나열하게 됩니다. 그러면 아무 재미가 없으므로 듣고 싶지 않습니다. 자, 이제 관점을 부여할 차례입니다. 어떤 관점을 부여해볼까요. 다음처럼 넣어 봅시다.

'이 상품을 처음 사용한 주부 A씨! 사용 첫날 A씨가 느낀 감동을 생생하게 소개한다.'

이 청소기의 핵심 고객층인 30대 주부에게 깊은 인상을 주는 기능과 효과로 범위를 압축해서 상품의 특징을 소개하는 것입니다. 그런 다음 '○○청소기를 처음 사용한 A씨의 감동의 하루!'라는 제목을 붙이고 알기 쉽게 구성합니다. (그림 같은 시각적 이미지를 추가하면 더 좋습니다.)

가공의 인물이지만 '타깃으로 설정한 사용자가 이 청소기를 사용하면 어떻게 될까?'라는 관점을 집어넣고 감동과 감정을 표현하기만 해도 핵심은 쉽게 전달됩니다. 상품의 매력을 입체적으로 알릴 수 있고 설명에 역동성까지 더해져 자료를 읽는 상대는 전혀 지루함을 느끼지 않습니다.

Q 주의할 점은 없나요?

잡빌더 관점을 부여할 때 핵심은 상대가 구체적인 장면을 스스로 생각하는 것이 아니라 이쪽에서 제시하는 것입니다. 상대를 설득하거나, 상품을 팔거나, 자신을 채용하도록 만들고 싶다면 효과나 효능을 상대가 머리를 쓰지 않고도 상상할 수 있도록 전달해야 합니다.

'이 선택을 하면 나에게는 이런 이익이 있구나!'

사람은 자신에게 돌아오는 이익을 떠올릴 수 있을 때 비로소 결정합니다. 그리고 이익이 커 보일수록 기분이 고양되어 즉각적으로 결단을 내립니다. '구체적인 장면을 떠올리게 하는 것'만이 관점을 부여하는 방법은 아니지만, 쉽고 빠르게 효과를 낼 수 있는 기술입니다. 설명이 필요한 상황에서 강력한 무기가 될 것입니다.

양질의 콘텐츠 계속 쌓기

블로그는 텍스트를 기반으로 한 검색엔진입니다. 제목, 본문, 키워드, 이미지, 영상 등의 복합적인 요소들이 조화를 이뤄 하나의 완성된 형태의 글을 올리는 것이 가장 좋습니다. 그리고 이렇게 양질의 콘텐츠를 지속해서 올렸을 때 '블로그 최적화'가 됩니다. 누군가 검색했을 때 가장 먼저, 상단에 노출이 되는 것입니다.

따라서 블로그를 활용하는 콘텐츠 크리에이터라면 내용에 충실한 양질의 포스팅을 지속해서 하는 것이 가장 좋습니다. 다른 사람과 비교하지 말고, 묵묵히 자신만의 길을 걸어갑시다. 내용을 탄탄하게 만드는 것이 가장 좋습니다. 다른 블로그나 조회 수에 연연하지 말고, 본인만의 콘텐츠를 차곡차곡 쌓아야 합니다. 이렇게만 하면 충성도 높은 블로그 이웃과 팬층은 자연스럽게 생겨날 것입니다. 제가 그랬던 것처럼 말이죠.

Q **무엇을 기록해야 하는지, 어떻게 해야 할지 모르겠어요.**

잡빌더 이럴 때는 목적을 떠올려 보면 방향이 보일 때가 많습니다. 다음과 같이 본인에게 질문해 봅시다.

- 블로그를 왜 하려고 하지?
- 이 글을 왜 올리려고 하지?
- 이 글을 읽는 사람들은 어떤 사람들이지?
- 나는 그들에게 어떤 도움을 주려고 하지?

이런 식으로 본질적인 질문을 계속 던져봅시다. 그러면 방향이 명확해지고, 무엇을 수면 위로 드러내야 하는지 뚜렷하게 알 수 있을 것입니다.

그리고 블로그 색깔이 뚜렷해야 합니다. 즉, 콘셉트가 명확해야 합니다. 블로그를 콘텐츠 크리에이터의 홍보직원으로 활용하려면 무엇을 드러내야 할 것인지, 어떤 부분을 강조할 것인지, 늘 고민해야 합니다. 흔한 쇼핑몰 홈페이지처럼 상품 소개만 가득한 공간이 아니라 정보를 제공하고 소통하는 공간이라는 모습을 드러내는 것이 훨씬 좋습니다.

일관성 없는 카테고리에 정돈하지 않은 글들로 가득 찬 블로그를 제법 자주 접합니다. 이럴 때는 처음으로 돌아가 다시 콘셉트를 정하는 것부터 시작해야 합니다. 상품 리뷰를 전문적으로 하는 블로거인데 맛집 탐방, 여행 포스팅, 일상 카페 투어 등 블로그에 정돈되지 않은 복잡한 카테고리들로 가득 차 있다면, 최상위 카테고리를 재설정하고 그 안에서 다시 나누는 것이 좋습니다. 물론 메인은 상품 리뷰와 관련된 카테고리여야 합니다. 발행된 글을 봤을 때, 질적으로나 양적으로 상품 리뷰 분야가 주를 이루어야 합니다.

　　도움 되는 글을 발견하면 사람들은 시키지 않아도 저절로 다가오기 마련입니다. 내가 연결되고 싶은 사람들, 내 비즈니스 분야와 관련된 사람들을 만나고 싶다면, 당연히 그 분야의 글을 기록해야 합니다. 단순히 내 생각을 표현하는 도구로서 블로그를 사용하는 게 아니라, 구체적인 정보를 기반으로 독자층을 넓일 수 있는 수단으로 만들어야 합니다. 따라서 그들의 니즈를 채울 수 있는 정보를 계속해서 쌓아가는 것이 중요합니다.

결국, 사람들이 기억하는 건
콘텐츠 제목

워크숍을 진행하는 기업 교육 담당자 편에서 생각해봅시다. 만약 글쓰기 교육을 진행하려고 한다면 어떤 강사를 섭외하고 싶을까요? 학력, 경력, 자격증, 저서, 강의력, 전문성 등 강사를 섭외하는 기준은 여러 가지가 있습니다. 이때 콘텐츠 브랜딩이 잘되어 있을수록 섭외 받을 확률이 커지는 것은 당연합니다. 그러므로 콘텐츠는 무엇보다도 제목이 중요합니다. 콘텐츠 제목에 교육철학과 가치, 방향을 담고자 노력해야 합니다. 상대방이 원하는 것이 무엇인지 파악하고, 제목에 담으면 좋습니다. 그런 의미에서 '한 페이지 쓰기의 법칙'이란 제목은 부르기도 쉽고 각인도 잘되는 제목입니다. 부제를 더하면 다음과 같이 정리할 수도 있습니다.

부제	제목
누구나 쉽게 써먹을 수 있는	한 페이지 쓰기의 법칙

훌륭한 콘텐츠임에도 불구하고 제목이 좋지 않아 소비자들에게 선택받지 못하는 경우도 허다합니다. 반대로 제목을 잘 만들어 베스트셀러가 되는 경우도 제법 있습니다. 그래서 제목의 중요성을 아는 콘텐츠 크리에이터와 편집자, 마케터들은 콘텐츠 제목에 많은 시간을 투자합니다.

잘나가는 콘텐츠는 제목부터 다릅니다. 물론 제목으로 결과가 만들어지는 건 아닙니다. 제목만큼 좋은 내용이 있어야 합니다. 하지만 결국 사람들이 기억하는 건 콘텐츠 제목입니다. 콘텐츠와의 첫 만남도 제목부터 시작합니다. 좋은 제목 없이는 모든 게 불가능한 일입니다.

제목에서부터 사로잡아야 합니다. 특히 SNS 플랫폼 글쓰기에선 거의 절대 원칙입니다. 내용은 그다음입니다. 하루 수억 개의 새로운 콘텐츠가 쏟아지는 디지털 플랫폼 마켓에서 클릭 당하지 않는 콘텐츠는 바로 쓰레기통에 버려지기 때문입니다. 유튜브는 더합니다. 관심 주제별로 많게는 수십·수백 개의 영상이 올라옵니다. 구독 영상만 하루 수십 가지입니다. 과연 구독자들이 다 볼까요? 천만에입니다. 눈길 가는 것, 한 둘 정도만 찍어서 봅니다. 그러니 '제목이 전부'라는 말까지 합니다.

Q 좋은 제목을 만드는 팁은 없나요?

잡빌더 먼저 긴 제목은 좋지 않습니다. 뗄 수 있는 건 최대한 떼서 버려야 합니다. 제목이든 글이든 간결하면 좋습니다. 구독자들이 블로그, 유튜브에서 검색하고 결과를 볼 때 제목이 긴 건 그냥 패스합니다. 짤막한데 핵심이 담긴 콘텐츠를 클릭합니다.

크게 버려야 할 것은 2가지입니다. 먼저 '쓸데없는 조사'는 무조건 버려야 합니다. 다음 제목을 봅시다.

'결혼 전에 꼭 가봐야 할 대한민국의 신기한 여행의 핫스폿 5곳'

어떤가요. 이 제목에서 빼야 할 것은 무엇일까요? 간결함을 원칙으로 '결혼 전에'에서 '에'는 없앨 수 있습니다. '대한민국의'와 '여행의'에서 '의'도 버립니다. 그럼 쓸데없는 조사를 뺀 제목을 봅시다.

'결혼 전 꼭 가봐야 할 대한민국 신기한 여행 핫스폿 5곳'

다음으로 '설명적 서술어'도 사족입니다. 이런 것도 무조건 버려야 합니다.

Q **구체적으로 어떻게요?**

잡빌더 간단합니다. 말줄임표(…)를 사용해 다음처럼 간결하게 바꾸면 됩니다.

・~에 가봤더니 ○○○가 있더라.

　→ ~에 가봤더니…

절대, 버리면 안 되는 것은 딱 한 가지입니다. 바로 '키워드'입니다. 간결함을 추구한다고 핵심 키워드까지 버리면 안 됩니다. 온라인에서 독자들이 콘텐츠를 찾는 방식은 검색입니다. 키워드는 무조건 검색에 걸리게 만드는 핵심 단어이기 때문입니다.

기록의 여정 안에서 만난
최고의 선물

저는 세무사가 아닙니다. 그런데 세금 강의를 합니다. 그것도 아주 많이 하고 있습니다. 이번 주도 강의 일정으로 가득 차 있습니다.

만약 제가 세금 관련 책을 쓰지 않았다면, 가능했을까요? 아무리 세금 지식이 많더라도, 관공서에서 주관하는 강의는 힘들었을 것 같습니다. 책의 저자가 된다는 것은 어떤 스펙보다 강력한 무기가 됩니다. 특히 콘텐츠 크리에이터에게는 말이죠.

자기 이름의 책을 출간한다는 것은 그 분야의 전문가로 인정받는 지름길입니다. 출간된 책이 있다는 사실은 당신의 콘텐츠를 더욱더 돋보이게 만들고, 상대는 당신을 더 신뢰할 것입니다.

Q **전 글쓰기를 해 본 적도 없고, 책을 쓴다는 꿈을 꿔 본 적도 없습니다.**

잡빌더 저도 그랬습니다. 결론부터 말하자면 책을 쓴다는 것은 생각하는 만큼 어려운 일이 아닙니다.

책 쓰기에 도전합시다. 자신의 이름 석 자로 쓴 책이 있다면, 당신은 상대에게 쉽게 전문가로 인정받을 수 있습니다. 그래서 당신의 콘텐츠를 더 쉽게 확장할 수 있습니다.

아직도 기억이 선명합니다. 첫 책 〈2시간에 끝나는 부가가치세 셀프 신고〉를 처음으로 받았을 때였습니다. 택배가 도착했다는 문자메시지, 이미 출판사 편집자가 갓 인쇄된 책이 도착할 것이라는 메시지를 보낸 뒤였기에, 드디어 내 책이 도착했다는 것을 짐작할 수 있었습니다.

택배를 찾으러 집으로 가는 길, 택배 박스를 들었을 때의 묵직함, 포장 박스를 열어 책을 처음 마주했을 때의 설렘, 지금도 모든 것이 또렷하게 기억납니다.

블로그에 포스팅한 콘텐츠들이 좋은 반응을 얻고, 얼떨결에 종이책까지 바로 이어서 내며, 제 이름 앞에 '작가'라는 호칭이 붙었습니다. 지금도 세상에 내 책이 존재한다는 사실이 여전히 신기하기만 합니다. 서점에서 '택스코디'라고 검색하면 책이 나오는 것도 놀랍고, 매대 위에 내 책이 누워 있는 것도 신기합니다. 제가 쓴 책을 다른 이에게 추천하는 블로거가 있다는 것도 신기한 일이고, 포털에 책 이름을 검색하면 나오는 것도 여전히 신기합니다.

처음 해보는 일이었지만, 몇천 자 분량의 글로 이뤄진 각각의 콘텐츠가, 7만 자에서 8만 자 분량에 이르는 완결성을 가진 책이란 창작물로 만드는 과정은, 생각만큼 어렵지는 않았습니다.

물론 마감이 다가오면 길게 잠들지 못했고, 제대로 준비하지 않은 상태에서 무턱대고 책을 쓴다고 했구나 싶었을 때도 있었습니다. 그러나 신기하게도 책을 막상 접하면, 그간의 고생은 곧바로 각별한 성취감으로 대체됩니다. 책만큼 큰 규모의 성취감은 현재까지 없었습니다.

새로운 창작 과정의 도전이었고, 디지털에서 시작해 아날로그로 나아갔으며, 결과가 어찌 됐든 책을 펴낸 것 자체가 기록하면서 경험할 수 있는 최고를 경험했다는 생각입니다.

책을 읽는 것을 좋아하고, 글을 쓰는 것을 좋아하는 사람으로서 책을 쓰는 건 분명 좋아하는 일을 두 배로 하는 것이라 기쁜 일이면서도, 그래서 잘하고 싶다는 마음 때문에 두 배 이상 힘든 일인 것도 사실입니다.

하지만 기록의 여정 안에서 만난 최고의 선물이라는 점. 내 생각이 콘텐츠가 될 수 있는 확실한 방법이라는 점, 디지털로는 닿지 못하는 새로운 독자를 만날 수 있다는 점에서 책을 쓰는 일을 계속해 나갈 것입니다. 지금 쓰고 있는 이 원고도, 막상 책으로 만나고 나면, 힘들었던 모든 것이 눈 녹듯 싹 사라질 것입니다. 그리고 금세 이런 생각을 할 것입니다. 또 다른 책을 쓰고 싶다는 생각을.

출간 프로세스 이해

책 쓰기에 도전하는 사람 중 상당수가 중간에 포기합니다. 그 이유 중 하나가 책이 만들어지는 과정, 즉 출간 프로세스를 이해하지 못하기 때문입니다. 사람들은 자신이 알고 있는 일은 자신 있게 할 수 있지만, 과정을 알지 못해 미래를 예측하지 못하는 상황이라면 누구나 두려워합니다.

짧은 시간 동안 다작을 통해 출간 프로세스를 완전히 이해하게 되었습니다. 덕분에 집필작업은 점점 수월해졌습니다. 수많은 종류의 책이 나오지만, 책이 만들어지는 과정은 거의 비슷합니다.

만일 책을 쓰고 싶다면 출간 프로세스부터 이해해야 합니다. 출간 프로세스를 모르고 책을 쓰는 것은 네비게이션을 켜지 않고 운전하는 것과 같습니다.

책 쓰기는 일반 글쓰기와 다르게 장기간에 걸쳐 이루어지는 작업입니다. '준비 과정 → 집필과정 → 홍보과정'의 3단계를 거칩니다. 먼저 준비 과정부터 살펴봅시다. 책을 쓰고 싶지만, 방법을 몰라서 고민했던 크리에이터라면 눈여겨봅시다.

1. 주제선정

책을 쓰기 위해 가장 먼저 해야 할 일은, 무엇을 쓸 것인지 선택하는 것입니다. 책을 쓰려고 하는 이유, 누구를 위해 책을 쓰는지, 독자에게 어떤 내용을 전달하고 싶은지, 다음과 같은 질문에 대해 충분히 생각해봅시다.

- 책을 왜 쓰려고 하나? (집필목적)
- 누구를 위해 쓰려고 하나? (예상 독자)
- 어떤 주제를 말하고 싶나? (집필주제)
- 독자에게 필요한가? (기대효과)

2. 시장조사

쓰고 싶은 주제와 예상 독자를 정했다면 시장조사를 할 차례입니다. 서점에 가서 검색기를 통해 주제를 검색하면 편합니다. 비슷한 주제의 책이 얼마나 나오는지 검색 후 분석해봅시다. 시장조사와 분석이 꼭 필요한 이유 역시 차별화된 콘텐츠를 만들기 위해서입니다.

3. 출간기획서 작성

주제선정과 시장조사까지 마쳤다면 이제 출간기획서를 작성해 봅시다. 출간기획서는 출판사를 설득할 목적으로 쓴 강력한 논리가 담긴 한 장짜리 기획서입니다.

4. 원고투고 및 출간계약

출간기획서 및 샘플 원고를 작성한 뒤 출판사를 찾아 메일을 보냅니다. (전체 원고가 완성된 다음에 진행할 때도 있습니다.) 출판사에 원고를 투고하고 답변을 기다리는 게 일반적입니다.

책 쓰기 프로세스	
과정	단계
준비과정	1. 주제선정
	2. 시장조사
	3. 출간기획서 작성
	4. 원고투고 및 출간계약

다음은 두 번째 단계 집필과정입니다. 출판사와 계약을 하고 나면 본격적인 책 쓰기가 시작됩니다. 이때 집필 기간에 맞춰 원고를 마무리할 수 있도록 신경 써야 합니다. 보통 '머리말 → 목차 → 내용'의 순서로 책을 집필하는데 저자 스타일에 따라 순서는 바뀔 수도 있습니다.

1. 머리말 작성

머리말은 책의 내용을 짧게 요약해 주는 기획서이자 건축설계도와 같습니다. 이를 통해 미리 책의 내용을 예상할 수 있도록 하는 게 핵심입니다. 독자는 머리말을 보며 책의 전체적인 그림을 머릿속에 그리게 됩니다. 보통 책의 머리말에는 다음과 같은 정보가 담겨 있습니다.

> - 누구를 위해 썼나? (예상 독자)
> - 왜 이 책을 썼나? (책을 쓴 배경)
> - 이 책을 한마디로 말하면? (주제)
> - 저자가 말하고 싶은 건? (메시지)

2. 목차 구성

목차는 책의 뼈대 역할을 합니다. 책을 만들 때 내용부터 작성하는 게 아니라 목차를 먼저 세우고 내용을 작성합니다. 일반적인 글쓰기와는 다르게 큰 그림부터 그리는 것입니다. 독자가 보기 좋은 순서가 될 때까지 끊임없이 수정합시다.

3. 원고 작성

초고의 분량이 A4 100페이지라면 그 분량을 끝까지 채우는 게 먼저입니다. 1차 초고가 완성되면 편집자에게 원고를 보냅니다. 그러면 편집자는 원고에 검토의견을 첨부해 책과 비슷한 형태로 재구성해 줍니다. 이때 불필요한 내용은 삭제되기도 하고 내용 추가 및 수정 작업이 이뤄집니다.

다음은 마지막 3단계 홍보과정입니다. 보통 책이 출간되면 저자들은 마케팅에 대해 두 가지 생각을 가집니다. '책 홍보는 당연히 출판사가 하는 거야'라는 생각과 '출판사를 도와서 함께 책을 알려야지'라는 생각입니다.

지금처럼 출판 시장이 어려운 상황에서 책을 알리기 위해서는 저자가 두 팔을 걷고 직접 나서야 합니다. 출판사 역시 저자가 관심을 가지지 않으면 마케팅을 오래 계속하지 않습니다.

책 쓰기 프로세스	
과정	단계
집필과정	1. 머리말 작성
	2. 목차 구성
	3. 원고 작성
홍보과정	마케팅

출판사 투고 시
알아두면 좋을 팁

대부분 출판사는 유명 작가들의 투고는 환영하지만, 초보 작가들의 투고에는 신중하게 접근합니다. 그들에게는 시장에서 팔릴 원고인지 검증의 시간이 필요하기 때문입니다.

출판사 대표 메일로 원고를 보냅니다. 설레는 마음으로 출판사로부터 연락이 오기를 기다려보지만, 대부분 답장이 오지 않습니다. 이메일을 보내는 과정에서 뭔가 잘못한 게 있나 싶어 주소와 수신 여부를 확인해 봅니다. 원고 검토가 길어지나보다 하며 스스로 다독여도 봅니다. 투고한 원고를 보기는 한 건지 점점 초조해지기만 합니다.

결론부터 말하자면, 출판사는 투고한 원고를 봅니다. 정상적인 출판사라면 새로운 콘텐츠를 가진 작가를 늘 찾기 때문입니다.

문제는 그들이 매우 바쁘다는 사실입니다. 투고가 많지 않다면 일일이 살펴보겠지만, 편집 마감 등으로 바쁠 때는 우선 첨부한 원고 파일의 제목을 보고 순서를 정해서 볼 때도 있다고 합니다. 즉, 제목이 매력적이라면 편집자의 검토를 앞당길 수 있다는 말입니다.

실제 알고 있는 한 편집자의 경우 출판사로 하루에 투고되는 원고만 해도 20개가 넘는다고 합니다. 그렇지 않아도 편집회의에, 미팅에, 기획에 바쁜 그들이 그 모든 원고를 똑같이 세세하게 읽어주기를 바라는 것은 물리적으로 무리일 수 있습니다. 그들의 상황을 고려해보면 왜 첨부한 원고 파일의 제목이 매력적이어야 하는지 이해가 갈 것입니다.

Q **그렇다면 출판사가 원고를 받고 검토한 후 마음에 들어서 연락을 하기까지 보통 어느 정도 시간이 걸리나요?**

잡빌더 아주 빠르면 투고 당일 몇 시간 내에 연락이 올 수도 있고, 보통은 2~3일 안에는 올 가능성이 큽니다. 실제로 투고한 당일에 서너 곳의 출판사로부터 연락받은 경험도 있습니다. 이는 원고에 대한 매력이 상당할 때 가능합니다.

이와 반대로 투고한 지 일주일이 넘었는데도 아무 연락이 없다면 투고한 원고가 매력이 없다는 뜻입니다. (간혹 출판사 사정으로 뒤늦게 연락이 오기도 하지만 예외적인 경우이므로 고려하지 않는 게 좋습니다.)

Q **투고 시 알아두면 좋을 팁이 있나요?**

잡빌더 원고의 작성과 폰트, 사실 이 부분에 민감한 편집자가 의외로 많다는 사실, 잃어볼 만한 원고라는 생각이 들 때 편집자가 가장 먼저 하는 일이 보내온 원고의 폰트를 조정하는 것이라고 합니다. 대부분 편집자가 선호하는 폰트는 '한컴바탕체'입니다. 참고로 눈을 피로하게 하는 무분별한 폰트 사용은 자제해야 하며, 문단들이기 같은 편집은 할 필요가 없습니다.

원고는 가장 심플한 형태가 좋습니다. 저 역시 원고를 쓸 때 대부분 한컴바탕 서체에 10pt, 줄 간격은 160%를 설정합니다. 이 조합일 때 읽고 쓰기가 가장 편합니다. (한글 프로그램에서 'ALT키 + L키'를 동시에 누르면 설정 창으로 이동합니다.)

그리고 서식과 관련해서도 알아야 할 것이 있습니다. 본문 구성에서 '부', '장'과 같은 체계를 구분해서 작성해야 할 때 끝날 때마다 반드시 'Ctrl + Enter' 키를 동시에 눌러주어 '쪽변경'을 한 후에 다시 시작하는 제목을 쓰고 원고를 작성하면 좋습니다. 쪽변경을 하지 않으면 수정이나 첨가할 때 다음 본문의 제목이 앞이나 뒤로 밀리면서 들쭉날쭉해집니다. 사소한 편집 기술이지만 가능한 편집자가 보기 편한 원고를 보내주면 좋습니다.는

기획력

기록력

전달력

1

팔리는 콘텐츠는
이렇게 전달된다

대부분 사람의 전달력

다음 두 가지 말을 비교해봅시다.

"지난해 ○○씨가 담당했던 상품과 비슷한데, 40대 남성을 겨냥한 상품입니다.

○○ 씨가 담당했을 때와의 차이 말인데요. 어쨌든 그것도 제법 팔렸지만, 이번에는 그것과 차별화를 해야 한다고 생각했습니다. 그래서 인기 있는 일러스트레이터 □□ 씨의 일러스트를 패키지에 넣으려고 준비 중입니다.

□□ 씨는 이전 상품을 예전부터 썼던 모양인지, 그 상품을 자기 인스타그램에도 소개했습니다. 그래서 제안을 수락할 확률이 높습니다.

또 하나, 예전과 다른 새로움을 어떻게 만들어낼까 고민하다가 저번과는 다른 고객층을 상정하게 되었습니다. 이번에는 자기관리를 생각하는 사람을 끌어들이고 싶은데요.

그래서 과학적으로 검증된 성분을 넣어 자기관리를 미리미리 챙기는 사용자에게 선택을 받으려 합니다."

어떤가요? 잘 전달되나요? 하지만 이것이 대부분 우리 모습입니다. 그러면 다음 말도 봅시다.

"자기관리를 고민하기 시작하는 40대 남성을 겨냥하여 우리 회사 상품의 패키지 디자인과 성분을 해당 층에 맞게 혁신해, 더 큰 매출성장을 하려 합니다."

자, 어느 쪽이 더 알아듣기 쉬운가요? 어느 쪽 사람 말을 좀 더 들어보고 싶나요? 당연히 후자겠죠. 대부분 사람이 쓸데없는 말을 적당히 생략하지 못해서 자기가 전하고 싶은 말을 상대에게 제대로 전달하지 못하고 있습니다. 게다가 스스로 그러한 문제점을 깨닫지 못하니 너무 안타까운 일입니다.

'전달하는 힘'이 있어야 합니다. 머릿속에 존재하는 생각에 형태를 부여해 고객 앞에 전달하는 힘이 있어야 합니다. 특히 콘텐츠 크리에이터는 전달력이 필수입니다. 다음 순서를 잘 기억합시다.

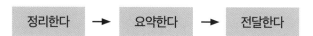

정리한다 ➡ 요약한다 ➡ 전달한다

많은 사람이 자기 생각이 제대로 '전달되지 않는다'라는 고민을 하는 이유는 애초에 생각을 전달하기 전에 요약하지 않았기 때문입니다. 그렇다면 왜 생각을 요약할 수 없었던 걸까요? 그 이유는 바로 생각할 토대가 되는 정보를 정리하지 않은 채 바로 생각하려고 했기 때문입니다.

또 상대에게 쉽게 전달하려면 전달하는 방식에도 요령이 있습니다. 문서를 보여주면서 손가락으로 가리키는 것은 정말 사소한 동작입니다. 그러나 이 사소한 동작으로 이전보다 상대의 주의를 확실히 끌 수 있고 전달력도 크게 높일 수 있습니다.

다른 사람에게 전할 것이 있을 때는 이야기의 '구조'를 먼저 보여주면 상대는 더 빠르게 이해합니다. 듣는 사람이 말하는 사람의 화법 구조를 알고 있으면 '들어봐야지'라는 기분이 자연스럽게 생깁니다. 이야기가 어느 방향으로 흐를지 알 수 없다면 어지간히 재미있는 이야기가 아닌 한 듣는 사람의 집중력은 떨어질 수밖에 없습니다. 다음처럼 설명할 내용의 방향을 미리 말해 주면 됩니다.

> • 이번 기획의 가장 큰 강점을 한마디로 말하면…
> • 이유는 크게 두 가지가 있습니다. 먼저 첫 번째는…

'한마디로 말하면…' 이렇게 시작하면 듣는 사람은 '이제부터 한마디로 정리해 말하는군'이라고 짐작할 수 있습니다.

'이유는 두 가지가 있습니다'라고 하면 '이제부터 두 가지 이유를 말하겠군'하며 들을 준비를 하게 됩니다. 이처럼 이야기의 방향을 알 수 있으면 보는 사람은 더 쉽게 이해할 수 있습니다. 전달하는 데 서툴다고 생각하면 꼭 이런 문구를 사용해 봅시다.

반복하기 기술

"지난번에 했던 거잖아."

기본적으로 사람은 남의 말을 주의 깊게 듣지 않습니다. 따라서 상대에게 부탁하고 싶은 것, 해주기를 바라는 것이 있다면 반복해서 전달할 필요가 있습니다.

같은 정보를 반복해서 전하면 상대방의 뇌에 그 정보를 각인시킬 수 있습니다. 그러나 같은 정보를 계속 똑같은 방식으로 전달하면 상대는 "거참, 집요하네!"라며 더는 당신의 소리에 귀를 기울이지 않을 것입니다.

Q 그럼 상대에게 효과적으로 반복해서 전달하는 기술은 없나요?

잡빌더   결론부터 말하자면, 다양한 관점으로 접근하면 됩니다.

예를 들어 지인이 운영하는 횟집을 자신의 블로그나 SNS에 추천한다고 합시다. 계속 똑같은 관점으로 소개하기보다 다음과 같이 관점을 바꿔 다양한 각도에서 소개하는 것입니다.

입소문이나 SNS 후기의 관점에서 접근	"신선한 재료 본연의 식감이 살아 있어요." "바다가 바로 보이는 통창, 매우 만족스러웠어요." 인터넷에 올라온 좋은 후기를 모아서 소개합니다.
사업주의 이력이나 사업철학의 관점에서 접근	"이곳 사장님은 유명 호텔에서 20년 이상 경력을 쌓은 쉐프입니다. 신선한 활어를 합리적인 가격으로 제공하고 싶다는 마음으로 식당을 차렸습니다." 처럼 사장님의 경력 또는 철학을 소개합니다.
관련 잡지나 인터넷 기사의 관점에서 접근	"이 식당은 부산의 유명 횟집 ○○과 같은 대표가 운영한다." "회를 써는 방식에 대한 확고한 철학을 가지고 있다." 처럼 전문가의 객관적 관점도 소개합니다.

이렇게 각기 다른 관점으로 식당의 좋은 점을 홍보하면 좋습니다. 다양한 등산로를 통해 정상에 오르는 느낌, 세 갈래 등산로를 통해 '이 식당은 찾아가 볼 가치가 있는 곳이다'라는 정보를 반복해서 노출합니다. 모두 다른 관점에서 바라본 의견이므로 상대는 지루해하지 않고 오히려 다양한 의견으로 받아들이게 됩니다. 이처럼 어떤 한 가지를 각기 다른 관점에서 바라보고 칭찬하면 객관성이 만들어집니다.

사람들은 콘텐츠를 판단할 때 객관적인 의견이나 생각을 원합니다.

가령 면접 시 자기소개서에서 자신을 홍보하고 싶다면 학교 선생님이나 친구, 아르바이트로 일한 가게의 점장 등 타인의 평가도 덧붙입니다. 영업 담당자라면 자기 생각뿐만 아니라 사용자의 목소리도 전합니다. 자동차를 사기 위해 아내를 설득해야 한다면 해당 제품을 사서 크게 만족했다는 친구나 동료의 의견을 같이 말합니다. 이렇게 하면 불쾌감을 주지 않으면서 전하고자 하는 핵심을 상대의 뇌에 자연스럽게 각인시킬 수 있습니다.

움직여야 성공

당신이 한 말을 끝까지 들을지 말지 상대는 1분 안에 판단한다는 사실을 알고 있어야 합니다. '재밌을 것 같아.' '나한테 도움이 될 거 같아'라고 생각하도록 만들 수 있어야 상대를 처음부터 붙잡을 수 있습니다. 시작할 때부터 마음을 붙잡지 못하면 상대는 즉시 시선을 돌려버립니다. 그래서 메시지를 전달할 때, 한순간에 상대의 마음을 사로잡기 위해 다양한 기술을 구사합니다.

Q **일상에서도 활용할 수 있는 기술은 무엇이 있나요?**

잡빌더 시작 부분에서 핵심 내용을 미리 말해 주면 상대방의 머릿속에 '계속 들으면 도움 되고 재미있는 내용이 나오겠구나'라는 의식을 심어주어 메시지 전달을 중간에 그만두는 것을 방지할 수 있습니다.

다만 단순히 요약 내용만을 전달해선 안 됩니다. '지금부터 시작하는 말에는 재미있고 유익한 정보가 담겨 있습니다'라는 것을 확실히 보여주는 게 핵심입니다. 상대방이 이 말을 들어서 얻게 될 이익을 명확하게 제시해야 합니다. 그래야 상대도 계속해서 듣고 싶은 마음이 들고, 이 상태에서 본론으로 들어가면 상대의 집중력이 지속 되어 메시지 전달력이 크게 향상됩니다.

· 오늘 같이 점심 먹을까?

만약 이렇게 말하면 '이 사람과 같이 점심을 먹으러 갈까, 말까?' 상대는 망설이게 됩니다. '이 제안을 받아들였을 때 내게 어떤 이익이 있는가?'를 생각하기 시작한다는 말입니다. 그러나 다음처럼 말하면 얻게 되는 이익(맛있는 한정식을 먹을 수 있다)이 명확하므로 권유를 받아들일 가능성이 큽니다.

· 얼마 전 TV에서 부근에 있는 한정식집을 소개했는데, 아주 맛있어 보이던데, 오늘 점심에 같이 갈까?

강의할 때도 마찬가지입니다. "오늘 세금 강의는 직장인을 타깃으로 한 것으로서…" 라는 식으로 설명하기 시작하면 듣는 청중의 머릿속에는 물음표가 뜨게 됩니다. 또한 '들을 만한 가치'가 있는 정보인지 아닌지 알 수 없으므로 이를 판단하기 위해 머리를 써야 합니다. 다음과 같이 강의를 시작하면 어떨까요?

"오늘 1시간 강의를 듣게 되면 여러분들은 세금 상위 1%에 속하게 될 것입니다!"

저는 세금 강의를 할 때, 이렇게 자주 시작합니다. 청중이 얻게 되는 이익을 먼저 제시하는 겁니다. 이익 또는 흥밋거리를 던져서 듣고 싶다는 마음가짐으로 바꿔놓은 다음 자세한 설명에 들어가는 것입니다. 그러면 상대는 세세한 주변 정보도 귀 기울이게 됩니다.

사람은 자신에게 이익이 있을 때 비로소 움직이기 시작합니다. 앞으로 어떤 말을 하려는 것인지, 그 이야기를 들으면 어떤 이익이 있는지, 전반적인 내용을 명확히 드러내서 기대감을 높인 다음에 말을 시작합니다. 이것은 비즈니스에서든 일상에서든 교섭이나 제안, 설명 등을 할 때 반드시 성공하는 기법입니다.

전달력 극대화 기술

살다 보면 자신에게는 너무나 당연한 것이 상대에게는 전혀 당연하지 않은 경우가 많습니다. 제아무리 유명한 교수라도 초등학생 아이에게 전문용어나 알아듣기 어려운 말로 설명한다면 아이는 무슨 말인지 전혀 이해하지 못합니다. 아인슈타인은 다음과 같이 말했습니다.

"여섯 살짜리 아이에게 설명할 수 없다면 당신도 이해하지 못한 것이다."

이 말에서 우리는 전달의 중요성을 다시 생각해 볼 필요가 있습니다. 내 생각이 아무리 논리적이어도 어려우면 전달되기가 힘듭니다. 이해하기 쉬우니까 논리적이라고 할 수 있고 논리적이니까 이해하기 쉬운 것입니다. 당신의 논리가 아무리 완벽하다고 해도 상대방이 알아들을 수 없다면 제대로 논리를 갖추지 못한 것입니다. 특히 비즈니스에서는 상대의 눈높이를 맞춰 전달하는 것이 중요합니다.

저의 첫 번째 부캐 '택스코디'도 여기에 주목했습니다. 세금이라는 전문적인 분야에 대한 설명을 '중학생도 이해하게 만들자.'라고 마음먹고 제일 먼저 한 일이 다음처럼 이해하기 쉬운 단어로 바꾸는 데 주의를 기울였습니다.

- 수입금액 - 필요경비 = 소득금액
  → (번 돈) - (벌기 위해 쓴 돈) = (남은 돈)

또 상대에 따라 전달할 내용의 범위 또한 바꿀 필요가 있습니다. 예를 들어 열심히 땀을 흘려가며 산의 정상까지 올라갔는데, 뒤따라 올라오는 동료들에게 전화로 정상까지의 길을 설명해야 한다고 가정해 봅시다. 8부 능선에 있는 사람도 있을 것이고 아직 절반도 오르지 못한 사람도 있을 것입니다. 지금 당신은 어떻게 설명하고 있나요? 혹시 8부 능선에 있는 사람에게 5부 능선의 루트부터 설명하고 있지 않나요? 만약 그랬다면 불필요한 설명이 많다고 할 것입니다. 또 5부 능선에 있는 사람에게 8부 능선의 루트를 설명한다면 그들은 먼저 8부 능선까지 가는 길을 알려달라고 할 것입니다. 이해하기 쉬운 설명은 상대방 편에서 있을 때 가능해집니다.

1. 회계상식사전

2. 회계 상식사전

1번, 2번 중 어느 쪽이 보기 편한가요? 띄어쓰기한 2번이 회계라는 단어가 더 강조되고 훨씬 보기 편합니다.

SNS나 카카오톡, 라인 등의 메신저 서비스가 일상 커뮤니케이션의 중심이 된 지금, 글을 쓸 때 조금만 궁리해도 커다란 차이를 만들어 낼 수 있습니다.

회사에서 프레젠테이션 자료를 작성할 때나 보고서를 쓸 때도 마찬가지입니다. 텍스트로 정보를 전달할 때, 가장 중요한 것은 무조건 '편하게 읽혀야 한다'는 것입니다.

1. 한페이지쓰기의 법칙

2. '한 페이지 쓰기'의 법칙

띄어쓰기를 바르게 하고 강조하고 싶은 단어에 홑따옴표까지 붙인 2번이 훨씬 보기 편합니다. 우리는 문장을 읽을 때 한 글자씩 받아들이지 않습니다. 늘 보는 단어라면 길게 나열되어도 상관없지만, 낯선 단어가 길게 나열되면 순간 혼란에 빠집니다.

특히 스크롤을 내리면서 읽는 SNS 게시글은 이해되지 않는 문장은 그냥 건너뛰게 됩니다. 시각적으로 구분하는 이유는 그런 사태를 방지하기 위해서입니다. 다음과 같이 띄어쓰기, 문장부호, 밑줄 등으로 '시각적 구분'을 해봅시다. 이런 장치를 잘 활용하면 전달력이 훨씬 높아집니다.

느낌표를 붙인다	• 회계 상식사전 → 회계! 상식사전
밑줄을 긋는다	• 콘텐츠 크리에이터 창업 & 세금 신고 가이드 → 콘텐츠 크리에이터 창업 & 세금 신고 가이드

이해하기 쉽게 전달하는
사람들이 쓰는 단어

'저 사람은 참 이해하기 쉽게 말한다.'라고 생각되는 사람의 모습을 한번 떠올려 봅시다. 그는 어떻게 말하던가요? 주절주절 장황하게 설명을 하나요? 아니면 짧고 명확하게 말하나요? 이해하기 쉽게 말하는 사람들의 공통점은 간명하게 설명한다는 것입니다. 그의 말에는 확신과 자신감이 배어납니다. 반면 잘 이해되지 않게 말하는 사람들은 이것저것 많이 늘어만 놓는다는 특징이 있습니다. 자신은 상대를 배려한다고 해서 정보를 최대한 많이 모아서 제시하지만, 정보가 너무 한꺼번에 쏟아지면 뭐가 뭔지 모르는 경우가 많습니다. 오히려 상대방 편에서 말하는 게 아니라 자기 위주로 말하는 것입니다.

정말 상대를 위한다면 필요한 정보만 단적으로, 간명하게 전달해야 합니다. 전달하는 내용을 줄이기 위해서는 전체적인 그림을 그린 후, 불필요한 부분을 하나씩 버려야 합니다. 상대방의 상황과 목적을 고려해 정리한 뒤, 더는 버릴 수 없는 상황이 되었을 때 남아있는 정보가 바로 핵심입니다. 정말로 전달해야 할 정보인 거죠.

Q 또 다른 팁은 무엇이 있나요?

잡빌더 평소에 다음과 같은 단어를 자주 사용하는 습관을 들이면 이야기를 줄이고 정리하는 데 도움이 됩니다.

> 요컨대, 결론부터 말하자면, 즉, 정리하면, 한마디로 말하면

이해하기 쉽게 전달하는 사람들은 이런 단어를 의식적으로 혹은 무의식적으로 빈번히 사용합니다. 이런 단어를 사용하면 산만해지거나 한쪽으로 치우치기 쉬운 생각을 정리해주는 효과가 발생합니다. 듣는 사람도 그전까지는 잘 이해하지 못했더라도 이런 단어를 통해 이야기의 핵심을 파악할 수 있습니다. 평소에 이런 단어들을 자주 쓸 수 있도록 노력합시다.

메시지가 잘 전달되는 구성과 연출이란 상대가 무리 없이 받아들일수 있는 구조를 말합니다. 상대에게 피로감을 주지 않으면서 정보를 전달하고자 할 때 아주 중요한 점이 있습니다. 바로 흔한 단어를 사용하는 것입니다. 다음 문장을 봅시다.

• 거버먼트 인게이지먼트가 레귤레이션이다.

이렇게 외국어를 지나치게 남발하는 사람도 있습니다. '난 유식해.' 라고 말하고 싶어서인지 모르겠지만, '어떤 식으로 메시지를 잘 전달할 것인가?'라는 관점에서는 빵점입니다. 낯선 단어가 나오면 우리 머릿속에는 물음표가 뜨고, 그 순간 말을 듣고 싶은 마음이 뚝 떨어집니다. 따라서 위의 문장은 다음과 같이 표현해야 합니다.

• 거버먼트 인게이지먼트가 레귤레이션이다.
→ 규제(레귤레이션, Regulation)의 본래 의미는 정부의 관여다.

이렇게 말하면 상대도 쉽게 이해할 수 있습니다. 이처럼 일상에서 누구나 쓰는 말, 흔한 단어를 사용해 메시지를 전달해야 합니다.

세상 모든 것은 전달하기 나름입니다. 같은 정보를 상대에게 전하더라도 어떻게 표현하느냐에 따라 쉽게 전달될 수도 있고 그렇지 않을 수도 있습니다.

전달력을 크게
높이는 단어

여러분은 '단어'의 중요성을 얼마나 알고 있나요? 우리는 잘 의식하지 못하지만, 세상에는 전달력을 크게 높이는 단어와 전달력을 크게 떨어뜨리는 단어도 존재합니다.

콘텐츠 크리에이터라면 전달력을 크게 높이는 단어에 관심을 가져야 합니다. 이런 단어는 콘텐츠 기획뿐만 아니라 일상생활에도 큰 도움을 줍니다. 게다가 문장에 살짝 덧붙이기만 하면 되니 매우 편리하고 누구나 즉시 활용할 수 있습니다.

Q **즉시 사용할 수 있다니 더 궁금하네요. 구체적으로 어떤 단어인가요?**

잡빌더 다음 상황을 예로 들어 살펴봅시다. 내일은 직장 상사가 작성하라고 요청한 기획안을 제출해야 하는 마감일입니다. 그러나 당신은 다른 일로 바빠서 조금밖에 작업을 하지 못했습니다. 빨리 마무리해야겠다고 생각하던 차에 상사에게 카톡이 왔습니다. "프레젠테이션 자료, 내일이 마감인데 잘되고 있나?"

이때 "작업 중입니다. 걱정하지 않아도 됩니다."라고 답하면 상사는 어떻게 생각할까요? 어디까지 진행이 됐는지, 정말 걱정 안 해도 되는 건지 알 수 없어서 마음이 불안할 수도 있습니다. 어쩌면 확인 전화를 걸어서 가뜩이나 바쁜 당신의 시간을 빼앗을 수도 있습니다.

이런 사태를 방지하려면 어떻게 말해야 할까요? 한 단어만 추가하면 됩니다. "지금 작업 중입니다. 걱정하지 않아도 됩니다."라고 '지금'이라는 단어를 추가해서 답을 해봅시다. 고작 단어 하나만 더했을 뿐이지만 현재 하고 있다는 느낌을 주기 때문에 상사도 당신이 열심히 작업 하고 있다고 생각하며 안심할 것입니다.

또 다른 예를 살펴봅시다.

· 제가 하는 일은 당신을 콘텐츠 크리에이터가 되도록 돕는 일입니다.
→ 제가 '지금' 하는 일은 당신을 '지금' 콘텐츠 크리에이터가 되도록 돕는 일입니다.

차이가 더욱 두드러지도록 지금을 두 번 사용했습니다. '지금'이라는 단어만 추가했을 뿐인데 활력이 느껴집니다. 사실 당신의 과거를 도울 수는 없는 노릇이므로 '당신을 돕는다'와 '당신을 지금 돕는다' 모두 지금의 당신을 돕는다는 의미입니다. 냉정하게 생각하면 '지금'이라는 단어를 넣든 넣지 않든, 저의 하는 일은 전혀 달라지지 않습니다. 그럼에도 '지금'이라는 단어를 추가하면 현장감과 약동감, 활력이 느껴집니다.

이 편리한 단어는 덧붙이기만 하면 '현재 화제가 되고 있다'라는 느낌을 간단하게 만들어 낼 수 있습니다. 최신정보를 전해야 한다거나 새로운 정보일수록 가치가 높아지는 콘텐츠를 제작할 때 '지금'이라는 단어는 굉장히 유용하게 쓸 수 있습니다. 또한, 이 단어는 그것을 언급하는 이유도 만들어냅니다. 다음 문장을 봅시다.

"지금 ○○이므로 이 주제를 다시 언급할 필요가 있습니다."

이런 어감을 쉽게 만들어 낼 수 있으므로 강연이나 영업, 사적인 부탁 등 상대에게 무엇인가를 강하게 요구해야 하는 상황에서 위력을 발휘합니다. '지금'이라는 마법의 단어를 사용해 전달력을 극적으로 높여 봅시다.

효과적인 콘텐츠
전달방법

"맞아, 맞아. 내가 하고 싶은 말이야!"

구독자는 정보로서 가치가 없는 이야기라고 해도 자기 생각과 같다면 순식간에 몰입하게 됩니다. 공감을 얻는다는 것은 정보와 메시지를 전달하기 위해 반드시 지켜야 할 철칙입니다. 상대가 공감하느냐 공감하지 못하냐에 따라 이야기를 듣는 자세가 크게 달라지기 때문입니다. 감정이 움직여야 상대의 말을 듣고자 하는 마음가짐이 생겨납니다. 따라서 상대 감정을 쉽고 빠르게 움직일 수 있도록 공감을 얻기 위한 말로 시작하면 좋습니다.

Q **공감을 얻기 위해 효과적인 전달방법은 무엇이 있나요?**

잡빌더 　강의나 프레젠테이션, 또는 협상을 시작할 때, 지금부터 말할 주제와 관련된 흔한 질문을 던지는 것입니다. 이때 핵심은 '흔한' 질문이라는 것입니다. 어디까지나 상대의 공감을 얻기 위한 질문이므로 상대에게 '맞아요', '그렇죠'라는 대답을 끌어낼 수 있어야 합니다. 시작 부분에서 두세 번 공감을 얻은 뒤 본론으로 넘어가면 좋습니다.

상대에게는 특이할 것이 없는 평범한 내용이었을지라도 '메시지를 전달하는 쪽'과 '전달받는 쪽' 모두 공통 화제에 대해 같은 의견을 갖게되므로 '기꺼이 이쪽의 의견을 들어주려는 마음가짐'이 생겨나는 것입니다.

맛집 평가 사이트에서 평점이 높은 식당을 찾아갔는데 실망했던 이야기를 블로그에 쓴다고 해봅시다. 평범하게 글을 쓰면 조금 읽다가 '그냥 네가 잘못 고른 거잖아'라고 생각하며 창을 닫아 버리는 사람들이 있을 것입니다. 이럴 때 다음과 같이 질문하는 형식으로 글을 시작하면 좋습니다.

> "유명 블로거가 소개해 기대를 품고 찾아갔는데 너무 평범해서
> 실망했던 적은 없나요?"

이에 공감한 사람들은 각자 실패담을 자기 일처럼 느껴 끝까지 글을 읽고 싶은 마음이 생깁니다. 가만히 살펴보면 홈쇼핑 광고에서도 이 법칙을 자주 사용하고 있다는 것을 알 수 있습니다. 홈쇼핑 광고에는 보는 사람의 감정을 자극해 적지 않은 금액을 지갑에서 꺼내도록 만드는

강력한 힘이 있습니다. 그 마법의 키워드는 바로 '흔한 질문을 던지고 시작하는 것'입니다.

Q **또 효과적인 전달방법은 무엇이 있나요?**

잡빌더 다른 사람이 쓴 문서를 보다 피곤함을 느꼈던 경험은 누구에게나 있을 것입니다. 그 이유는 상대가 말하는 정보를 스스로 정리해야 했기 때문입니다. 피곤함을 느낄 정도라면 기억에 남을 리 없습니다. 그러므로 설명하는 사람이 정보를 정리된 상태로 전달하면 좋습니다. 다음 문장을 봅시다.

"확 바뀐 ○○가습기는 16L 대용량이라 한 번 물 보충으로 최대 30시간 사용 가능합니다. 게다가 통 세척이 편리해 매일매일 위생적으로 사용 가능합니다. 또 리모컨 조작이 가능해 멀리 있어도 간편하게 쓸 수 있습니다."

무슨 말을 하고 싶은지는 알겠지만, 과연 상담 후에 바이어는 신상품의 특징을 제대로 기억할 수 있을까요? 아마도 기억하지 못할 것입니다. 다음처럼 단계별로 정리해 설명하면 효과적입니다.

"오늘은 확 바뀐 OO 대형 가습기를 소개하려 합니다. 이 제품에는 기존에는 없었던 3가지 기능이 추가되었습니다.

1. 최대 30시간 사용 가능

16L 대용량이라 한 번 물 보충으로 최대 30시간 사용 가능합니다.

2. 편리한 세척 기능

　편리한 통 세척으로 매일매일 위생적으로 사용 가능합니다.

3. 리모컨 조작 기능

　멀리 있어도 간편하게 리모컨으로 조작 가능합니다.

이 3가지 기능을 통해 더욱 사용하기 편리한 가습기로 새롭게 탄생했습니다.”

어떤가요? 사용한 단어는 비슷하지만, 이렇게 잘 정리해서 보여주면 훨씬 이해하기 쉽고 설득력이 높아집니다. 다시 말하지만, 정보를 전달할 때 핵심은 미리 정리된 상태로 만들어서 상대의 머릿속에 집어넣는 것입니다. 이것은 전달의 기술 철칙인 ‘상대가 머리를 쓰지 않게 한다’로 직결되는 법칙이기도 합니다.

이 기법은 콘텐츠를 전달할 때는 물론 일상에서 이야기를 나눌 때, 직장에서 회의, 보고, 상담할 때 등 모든 상황에 적용할 수 있습니다. ‘이 내용은 어떻게 정리할 수 있을까?’라고 생각하는 습관을 들입시다. 이 간단한 방법이 당신의 콘텐츠를 상대방의 머리에 각인시키는 데 큰 역할을 할 수 있습니다. 단, 단계 수가 너무 많은 것은 좋지 않습니다. 최대 5개 정도로 정리하면 좋습니다.

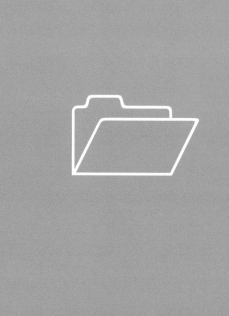

2

전달에도
기술이 필요하다

전문가 패러다임의
파괴자

강사가 되고 싶어 도전하는 대부분 사람이 처음에 시작하는 일은 무엇일까요? 바로 자격증부터 취득하는 것입니다. 강사 과정을 일정 시간 수료하면 자격증이 나옵니다. 그런데 강사 자격증만 있으면 강사로 인정받아 활동할 수 있을까요? 자격증이 많으면 기업 교육에서 선택받을 확률이 커질까요?

관공서, 기업 강의를 5년 만에 1,000회를 달성한 저는 자격증이 단하나도 없습니다. 심지어 고졸입니다. 대한민국은 학벌 중심 사회이다 보니 분야의 학위나 대학원 석사학위 등으로 그 사람 실력을 어느 정도 가늠하기 때문에, 학력은 기업 교육 강사로 활동할 때 어느 정도 중요한 부분인 것은 사실입니다. 하지만 학력이 부족하다고 해서 강사가 되지 못하는 것은 아닙니다. 결론부터 말하면 독창적인 콘텐츠만 있다면 얼마든지 강사로 우뚝 설 수 있습니다.

콘텐츠 크리에이터가 하는 모든 일은 결국 설득입니다. 우리의 콘텐츠가 누군가에게 전달되는 과정에서 사람들은 끊임없이 질문합니다.

"당신의 콘텐츠는 무엇인가요? 왜 필요한가요? 어떻게 하는 것인가요?"

콘텐츠 크리에이터라면 여기에 논리적으로 답할 수 있어야 합니다. 콘텐츠를 접하는 대상이 직장인이라면 직장인들에게 맞는 말로, 초등학생이라면 초등학생에게 맞는 언어로, 학부모라면 학부모에게 필요한 단어를 만들어 설득할 수 있어야 합니다.

누군가를 설득하는 일은 쉽지 않지만, 분명한 사실은 누군가를 설득하는 과정에서 콘텐츠는 더 단단하고 견고하게 성장하게 됩니다. 많은 사람을 만나고 논리를 다듬는 과정에서 근거가 많아지고 쌓이게 됩니다. 콘텐츠가 단단해지고 깊어지다 보니 이젠 누구를 만나도 설득할 수 있게 됩니다.

책을 쓰고 강연을 하는 것도 결국 내가 만든 콘텐츠를 더 많은 사람에게 설득하기 위한 일련의 과정입니다. 콘텐츠 크리에이터에게 가장 큰 기쁨은 누군가에게 나의 콘텐츠를 인정받는 것이고, 그때의 성취감은 말로 표현할 수 없습니다.

"아니, 세무사도 아닌 사람이 세금 강의를 한다고?"

어떤 사람은 저에게 '전문가 패러다임의 파괴자'라고 말합니다. 과거에는 '대학 → 대학원 → 유학'까지 오랫동안 공부한 사람들이 분야의 전문가로 인정을 받았습니다. 하지만 지금은 예전에는 상상도 할 수 없었던 변화가 일어나고 있습니다. 학력보다는 실력, 나이보다는 전문성, 잘 만든 콘텐츠 하나로 인정을 받을 수 있는 세상이 된 것입니다.

잘 팔리는 콘텐츠 하나만 있으면 먹고 살 수 있는 시대가 왔고, 그 콘텐츠를 누구에게 어떻게 팔지가 중요합니다. 1인 미디어의 발전으로 지구 반대편까지 콘텐츠를 알릴 수 있는 시대입니다. 대학에서 비싼 등록금을 내고 전달되던 지식이 인터넷 지식 검색을 통해 아주 쉽게 얻어집니다. 교과서로 전달되는 지식보다 훨씬 앞선 최신 지식도 얼마든지 구할 수가 있습니다.

현재 대한민국에서는 오직 콘텐츠와 실력만으로 성공한 콘텐츠 크리에이터들이 넘쳐납니다. 그들은 유튜브, 팟캐스트, 블로그, 책, 강연 등 플랫폼을 넘나들며 다양한 결과를 만들어냅니다. 기존의 틀에 박힌 성공에 대한 고정관념을 깨고, 팔리는 콘텐츠를 만드는 힘이 곧 성공의 방정식(기획력+기록력+전달력)이라는 새로운 접근법을 제시하고 있습니다. 이처럼 콘텐츠 크리에이터는 학력, 경력이 아닌 오직 콘텐츠로만 실력을 평가받습니다. 그리고 실력을 인정받았을 때 콘텐츠 크리에이터로서도 전문가로서도 한 단계 더 성장하게 됩니다.

이제는 과거와 같이 정보 자체를 아는 것이 힘인 세상이 아닙니다. 미디어와 인터넷의 발달로 인해 누구든지 정보와 지식을 쉽고 빠르게 찾을 수 있습니다. 그렇다면 무엇이 중요할까요? 구슬이 서 말이어도 꿰어야 보배라는 말처럼, 그 지식을 연결해 새로운 콘텐츠로 만들 수 있어야 합니다. 지금은 그 어느 때보다도 지식의 편집 주체가 되어야 인정받을 수 있습니다. 콘텐츠 크리에이터, 즉 콘텐츠 기획자의 시대가 열린 것입니다.

무엇이든 강연으로
만드는 기술

어떤 콘텐츠든 강연으로 만들 수 있는 시대입니다. 책과 관련된 분야에서만 해도 정말 다양한 강의들이 많습니다. 책방을 오픈해서 책을 팔면, 판매 수익이 생깁니다. 하지만 거기서 더 나아가 책을 쓰는 방법을 알려주는 강좌를 개설하면 수익모델이 다각화되는 것입니다. 책을 쓰는 방법뿐만 아니라 북카페 창업 방법에 대해 알려주는 강좌, 자영업 매출을 올리는 강좌 등 얼마든지 다양한 형태의 강의로 연결할 수 있습니다. 계속해서 가지를 뻗어 나갈 수 있습니다. 강의 분야에 관한 하나의 사례로 책을 선택했지만, 사실 모든 분야에서 강의할 수 있는 시대입니다.

과거보다 개인 시간이 늘어난 직장인들이 점점 많아지면서 다양한 강좌와 클래스에 등록해서 무언가를 배우는 데 투자하는 사람들이 많아지고 있습니다. 자연스레 강연 콘텐츠는 점점 더 확장되고 성장하고 있습니다. 직장인뿐 아니라 주부들도 자기계발에 적극적으로 참여합니다. 육아하는 시간이 경력단절의 시간으로 남는 게 아니라, 사회생활을 다시 시작하기 위한 준비시간이라 생각하여 내공을 쌓는 성장의 시간으로 만들고 있는 것입니다.

콘텐츠 크리에이터는 회사로부터 월급을 받는 것이 아니라 직접 수익을 만들어야 하므로, 수입에 대한 생각 자체를 다르게 해야 합니다. 제대로만 한다면 내가 원하는 만큼 수익구조를 만들 수 있는 업의 형태입니다.

직장이라는 조직에 적을 두고 있을 때는 아무리 열심히 일하고, 실적을 올려도 월급 인상에는 한계가 있습니다. 성과급을 추가로 받는 때도 있지만, 이것은 드문 경우이고, 대부분 내 노력과 상관없이 매달 같은 금액을 월급으로 받습니다. 반면 콘텐츠 크리에이터는 다양한 수익 루트를 가질 수 있습니다. 소그룹 코칭, 외부출강, 온라인 프로젝트, 컨설팅, 인세수익 등 비즈니스 모델이 다양한 만큼 수익 루트 또한 다양합니다.

Q 수익구조를 만드는 방법은 구체적으로 어떻게 되나요?

잡빌더 다음 3단계 과정을 거칩니다.

콘테츠 기획	→	모객	→	전달(코칭, 강연, 컨설팅 등)

1. 기획	말 그대로 콘텐츠를 제작하는 과정입니다. 회사로 치면 연구개발부인 셈이죠. 당장 수익으로 연결되지는 않지만, 코칭과 프로젝트를 기획하고 연구하는 단계입니다.
2. 모객	두 번째 단계는 고객을 모집하는 과정입니다. 회사로 치면 홍보팀 또는 마케팅팀인 셈이죠. 아무리 훌륭한 콘텐츠를 가지고 있어도, 고객에게 이 사실을 알릴 수 없다면, 아무 의미가 없습니다. 이때 최적화된 블로그를 운영하고 있다면 어렵지 않게 모객이 가능합니다.
3. 전달	마지막 단계는 직접적인 수익으로 연결되는 단계입니다. 자체 개설 강좌, 외부출강, 컨설팅 혹은 저서 집필 등 다양한 형태로 구상할 수 있고 수익은 이 단계에서 만들어집니다.

한 페이지로 정리하는
강의 계획서

자, 이제 한 페이지 쓰기 기술을 활용해 강의 계획서를 작성해 봅시다. 이때도 'WH Form'을 사용해 강의할 내용을 한 장으로 잘 정리해놓으면 언제든지 필요할 때 사용할 수 있습니다. 이제 만드는 순서는 기억하고 있죠? 다음과 같습니다.

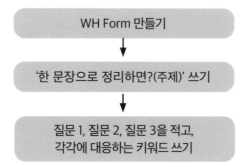

이 경우 예상 질문은 다음과 같은 것들이 있을 것 같습니다. (질문의 순서는 주제에 따라 유연하게 바꿔도 상관없습니다.)

- 질문 1: 왜 강의에 참석해야 하나? (Why)
- 질문 2: 강의를 통해 무엇을 전달하나? (What)
- 질문 3: 배운 내용을 어떻게 활용하나? (How)

이제 각각 빈칸에 키워드를 채우고 다음처럼 Form을 완성하면 됩니다. (참고로 키워드는 최대 세 개까지라는 의미입니다. 상황에 따라 두 개가 되거나 한 개가 되어도 상관없습니다.)

강의결과보고			
한 문장으로 정리하면?	한 장 쓰기 기술을 배우고 활용하자.		
질문 1. 왜 강의에 참석해야 하나?	글을 잘 쓰고 싶다면	요약정리가 힘들다면	프레젠테이션하는 게 서툴다면
질문 2. 강의를 통해 무엇을 전달하나?	키워드로 Form 만드는 방법	한 장으로 요약하는 방법	정보를 정리한 후 생각을 요약하는 법
질문 3. 배운 내용을 어떻게 활용하나?	한 장 쓰기를 매일 적용한다.	WH Form으로 보고서를 만들 수 있다.	내일 할 프레젠테이션 구성을 한 장으로 만들어 본다.

이렇게 'WH Form'을 사용해 정리한 내용을 그대로 보고서 양식에 끼워 넣으면, 다음처럼 한 장의 강의 계획서가 쉽게 완성됩니다.

강의 계획서

[제안서]　　한 장 쓰기 기술을 배우고 활용하자!

1. 요약

> 직장 생활 중 많이 사용하는 보고서 같은 문서를 종이 한 장으로 정리하는 기술을 배우자.

2. 수강 대상

> 글을 잘 쓰고 싶은 사람
> 요약정리가 힘든 사람
> 프레젠테이션이 서툰 사람

3. 강의 핵심 내용

> 정보를 정리한 후 생각을 요약한다.
> 한 장으로 정리하는 것이 중요하다.
> Form부터 만들고 키워드를 채우면 OK

4. 강의 후 활용

> 한 장 쓰기를 쉽게 할 수 있다.
> 'WH Form'으로 보고서를 만들 수 있다.
> 당장 내일부터 프레젠테이션의 구성을 한 장으로 작성할 수 있다.

5. 비고

>

강의 플랫폼
상세페이지 작성하기

소비자가 강의 플랫폼을 찾았습니다. 나열된 콘텐츠 배너 중에서 관심이 가는 배너를 클릭합니다. 이때 당연히 눈에 띄는, 즉 임팩트 있는 제목의 배너부터 눈길이 갈 것입니다. 그런데 강의 플랫폼에 올라온 관련 게시물을 보면 의외로 디자인에 신경을 많이 쓰지 않고 있습니다. 이는 반대로 내가 디자인에 좀 더 신경을 쓰면 돋보일 수 있다는 의미입니다. 콘텐츠를 얼마나 직관적으로 전달할 수 있는가, 또 얼마나 돋보이게 할 수 있는가가 관건입니다.

그런데 클릭 후 읽어본 상세페이지 내용이 부실하다면 어떻게 될까요? 강의를 신청하지 않고 페이지에서 바로 나가버립니다. 따라서 콘텐츠로 승부를 봐야 하는 크리에이터라면 상세페이지의 작성에 신경을 많이 써야 합니다.

겉모습이 좋아 눈길을 끄는 데 성공했더라도 알맹이가 빈약하면 소비자는 바로 외면해 버립니다. 학습자를 중심에 두고 콘텐츠의 본질을 늘 고민해야 합니다.

Q 상세페이지 작성 팁은 어떻게 되나요?

잡빌더 상세페이지에는 콘텐츠에 대한 소개와 일정안내 등 개요를 전반적으로 잘 정리해놓아야 합니다. 상세페이지는 학습자와 강사를 이어 주는 매개체입니다. 상세페이지를 효과적으로 작성하는 방법은 다음과 같습니다.

1. 고객이 원하는 정보를 정확히 제공한다.

고객이 원하는 것은 자극적인 이미지가 아니라 선택에 필요한 실질적인 정보입니다.

2. 기획해야 한다.

상세페이지의 목적은 선택받는 것입니다. 상세페이지 문구 한 줄, 사진 한 장이 고개의 선택에 영향을 미친다는 것을 늘 염두에 둬야 합니다.

참고로 상세페이지 기본양식은 고객의 예상 질문에 대한 콘텐츠 크레에이터의 답변으로 구성하면 좋습니다. 보편적으로 고객은 'What (무엇을 배우고) → Why (왜 필요하며) → How (어떻게 배우는가)'의 순으로 궁금해합니다. 다음의 순서대로 작성하면 좋습니다.

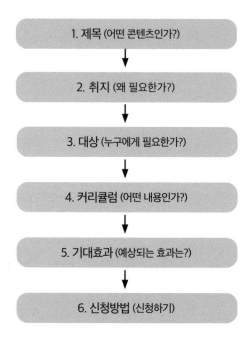

현장 사진과 강의를 듣고 난 후 만족하는 모습을 마치 내비게이션이
길 안내하듯 쉽고 친절하게 기획하면 좋습니다. 고객이 신청하기까지
잘 따라오도록 길을 잘 닦아놔야 합니다. 다른 사람이 이 교육을 듣고
어떤 결과를 얻게 되었는지 설명을 통해 신청하기까지 유도하는 것이
중요합니다. 이처럼 고객 편에서 상세페이지에서 친절하게 답변해 주
고 해결해준다면 신뢰도가 높아져 선택 확률은 커질 것입니다.

1분 안에 전달하기

처음부터 강의 의뢰가 들어오지 않습니다. 그럴 때는 교육 담당자를 직접 찾아가서 영업해야 합니다. 어렵게 문을 두드려 봅니다. 하지만 기업체나 관공서에서 강의를 기획하는 담당자는 당신의 말을 오랫동안 들어주고 싶은 마음은 1도 없습니다. 그러므로 앞장에서 정리한 강의 계획서를 기초로 담당자에게 강의 기획안을 1분 안에 전달해 마음을 움직여야 합니다. 다음처럼 말이죠.

1. 요약 (무슨 말을 하려는지, 미리 말하면 상대방은 집중해서 들을 준비를 하게 됩니다.)

> 강의할 내용은 '직장 생활 중 많이 사용하는 보고서 같은 문서를 종이 한 장으로 정리하는 기술을 배우자'입니다.

2. 수강 대상 (대상은 문제를 가지고 있는 주체입니다. 따라서 수강 대상 중심에서 문제의 해결책을 제시할 때 설득력이 커집니다.)

이 강의는 다음과 같은 분들에게 도움이 됩니다.

1. 글을 잘 쓰고 싶은 사람

2. 요약정리가 힘든 사람

3. 프레젠테이션이 서툰 사람

한마디로 잘 쓰고 싶은 사람들에게 도움이 되는 강의입니다. 직장인 뿐만 아니라, 리포트를 발표해야 하는 대학생(청소년), 전문강사들이 들어도 좋습니다.

---

3. 강의 핵심 내용 (상대의 머릿속에 큰 그림을 그려주면 이해가 높아집니다.)

글을 잘 쓰고 싶은데, 그렇지 못한 청중에게 다음의 해결책을 제시합니다.

1. 정보를 정리한 후 생각을 요약한다.

2. 한 장으로 정리하는 것이 중요하다.

3. Form부터 만들고 키워드를 채우면 OK

마치 빵틀에서 빵을 굽듯, 이 강의를 수강하면 한 페이지 정도는 쉽게 쓸 수 있습니다.

---

4. 강의 후 활용 (강의를 수강 후 얻을 수 있는 결과를 미리 말해줍니다.)

> 강의를 듣고 나면 다음과 같은 결과를 얻을 수 있습니다.
>
> 　1. 한 장 쓰기를 쉽게 할 수 있다.
>
> 　2. 'WH Form'으로 보고서를 만들 수 있다.
>
> 　3. 당장 내일부터 프레젠테이션의 구성을 한 장으로 작성할 수
>   　있다.

5. 비고

이제 박스 안 내용을 연결만 하면 다음처럼 1분 스피치 대본이 완성
됩니다.

〈1분 스피치 대본 예시〉

강의할 내용은 '직장 생활 중 많이 사용하는 보고서 같은 문서를 종이 한 장으로 정리하는 기술을 배우자'입니다.

이 강의는 다음과 같은 분들에게 도움이 됩니다.

  1. 글을 잘 쓰고 싶은 사람
  2. 요약정리가 힘든 사람
  3. 프레젠테이션이 서툰 사람

한마디로 잘 쓰고 싶은 사람들에게 도움이 되는 강의입니다. 직장인뿐만 아니라, 리포트를 발표해야 하는 대학생(청소년), 전문강사들이 들어도 좋습니다.

글을 잘 쓰고 싶은데, 그렇지 못한 청중에게 다음의 해결책을 제시합니다.

  1. 정보를 정리한 후 생각을 요약한다.
  2. 한 장으로 정리하는 것이 중요하다.
  3. Form부터 만들고 키워드를 채우면 OK

마치 빵틀에서 빵을 굽듯, 이 강의를 수강하면 한 페이지 정도는 쉽게 쓸 수 있습니다.

강의를 듣고 나면 다음과 같은 결과를 얻을 수 있습니다.

  1. 한 장 쓰기를 쉽게 할 수 있다.
  2. 'WH Form'으로 보고서를 만들 수 있다.
  3. 당장 내일부터 프레젠테이션의 구성을 한 장으로 작성할 수 있다.

강의 프로그램
구성하기

강사는 강의 대본을 잘 만들어야 합니다. 학습자가 원하는 건 콘텐츠고, 대본에 콘텐츠가 담기기 때문입니다. 인터넷 한 번만 검색하면 정보와 지식을 얻을 수 있는 세상입니다. 모두가 알고 있는 뻔한 지식과 정보가 아닌, 새로운 관점으로 재해석한 콘텐츠를 준비해야 합니다.

Q **1시간 강의 요청을 받았는데, 어떻게 프로그램을 구성하면 좋나요?**

잡빌더 강의 대본을 구성할 때는 일반적인 글쓰기 형식이 아닌 논증 형식으로 대본을 작성하면 좋습니다. 일반적인 형식으로 대본을 작성하면 핵심 키워드가 눈에 보이지 않아 논리 흐름과 맥락이 파악되지 않습니다. 결국, 이해도가 떨어지게 되며 오래 기억에 남지 않습니다. 반면 논증 형식으로 대본을 만들면 핵심 키워드가 한눈에 보이고, 논리와 맥락과 흐름 중심으로 내용을 살펴볼 수 있어 이해력과 기억력을 높이는 데 효과적입니다. 다음 강의 구성을 참고합시다.

◆ **강의 도입부** (목표는 강사와 학습자의 긍정적 관계 형성, 주제에 관한 관심 유발입니다. 5분~10분 정도 시간이면 적절합니다.)

1. **강의 점검하기:** 노트북, 빔프로젝트, 포인터, 음향 및 각종 장비, 학습교재, 자리 배치, 학습자 등을 점검합니다.

2. **인사와 소개하기:** 밝은 미소로 자신 있게 인사합시다. 강사 이력 및 출간 저서 등을 소개합니다. 여기서 핵심은 자랑이 아닌 학습자에게 신뢰를 얻는 게 목표입니다.

3. **청중과 관계 형성하기:** 강사가 미리 선물을 준비해 긍정적 관계를 형성하면 좋습니다. (전 제가 쓴 책을 선물로 준비합니다.)

4. **일정 안내하기:** 커리큘럼을 미리 안내하고 쉬는 시간이 언제인지 공지하는 건 학습자에 대한 배려입니다.

5. **강의 주제 말하기:** 강의 주제가 무엇인지 확실히 인지하게 하고, 강의목표 및 기대효과를 제시해 관심도를 높입니다.

◆ **본론 및 마무리** (목표는 내용을 잘 이해시키고 실천하게 만드는 것입니다. 본론 45분~50분, 마무리 5분이 적당합니다.)

1. **본론:** 논증 형식의 강의 대본을 구성하고, 학습자 중심의 프로그램을 준비하면 좋습니다.

2. **마무리:** 학습자가 내용을 기억할 수 있게 요약정리를 해주고, 현실적이고 구체적인 실천 방안을 제시하면 좋습니다.

3. **질의응답:** 질문에 성심껏 답변합시다. 만약 답을 모른다면, 모른다고 솔직하게 말하고 공부해 추후 알려주면 좋습니다.

4. **참고:** 교육 이후로도 강사와 소통 가능한 방법을 소개합시다.

만족도 높은 강의를
진행하기

지금은 시작부터 여유 넘치는 분위기로 강의를 시작하지만, 초보 강사 시절에는 호응 없는 청중 또는 적대적 청중이 앞자리에 앉기라도 하면 그날은 시작하기 전부터 등에 식은땀이 나기도 하고, '내가 지금 무슨 말을 하는 거지?'라고 중간에 생각이 끊겨 머리가 하얘지기 일쑤였습니다.

어떻게 하면 강의를 잘할 수 있느냐고 많이 물어보는데, 답은 정말 단순합니다. 많이 하면 잘하게 됩니다. 한 회, 한 회 강의하다 보니, 강의하는 힘이 생기고 이제는 낯선 강의장의 공기가 편안해지기까지 합니다. 강의 전 사람들의 의심 어린 눈빛이 강의를 듣고 난 후 저를 믿는 눈빛으로 바뀌는 그 순간, 최고의 희열이 찾아옵니다.

잡빌더 강의를 하는 목적과 대상과 시간, 강사 스타일에 따라 다양한 진행방법이 존재합니다. 강의 경험이 쌓이다 보면 자신만의 강의 스타일이 생깁니다.

학습자에게 지식과 정보를 전달하는 방식으로 강의를 구성할 때, 매번 같은 방식으로 진행하게 되면 학습 효과와 흥미가 떨어집니다. 수업 구성은 강사가 아닌 학습자 중심으로 이뤄져야 합니다. 저는 강사가 혼자 말하는 일방적인 강의 보다 학습자가 직접 참여할 수 있는 실습, 토의, 토론, 게임, 발표 등으로 수업을 구성하는 편입니다. 그럼 조금 더 만족도 높은 결과로 이어질 수 있습니다.

그리고 학습자를 대하는 강사의 태도도 중요합니다. 가르친다기보다는 정보와 지식을 공유하고 함께 성장하는 동반자로 대하면 좋습니다. 학습자 눈높이에 맞춰 강의안을 구성하고, 열린 마음으로 콘텐츠를 공유하면 청중의 만족도는 더 커질 수밖에 없습니다.

대부분 강연시간은 대략 1시간~2시간 정도입니다. 저자라면 책 소개, 저자 강연, 질의응답, 사인회 등을 하기도 합니다. 강연료는 연사의 인지도에 따라 천차만별입니다. 유명세, 학력, 전문성, 저서 출간 여부 등에 따라 차이가 납니다.

참고로 강연은 연사가 인생 경험을 통해 얻은 노하우나 메시지를 전달할 목적으로 구성합니다. 반면, 강의는 학습자의 문제를 해결하는 데 도움 되는 콘텐츠로 내용을 구성해야 합니다.

저는 강의시간보다 30분~1시간 정도 일찍 강의장에 도착해 교육 담당자와 인사를 나누고 미리 현장 분위기와 준비사항을 확인합니다. 강의를 시작하면 학습자들과 일일이 눈을 맞추며 관계를 형성합니다. 강사 소개를 할 때는 강사의 전문성을 잘 전달해 공신력을 확보하는 것이 좋습니다. 강의목표 및 기대효과와 교육 진행 일정에 대해 안내부터 합니다. 본격적으로 강의가 시작되면 학습자 중심의 수업을 통해 함께 소통하며 강의합니다. 강의 마무리 단계에서는 강의 내용을 요약정리하고 질의응답을 합니다. 주어진 강의시간은 반드시 엄수 해야 합니다. 일찍 마치거나 늦어지게 되면 행사 일정에 차질이 생길 수 있기 때문입니다.

그리고 저는 강의를 갈 때, 꼭 몇 권의 책을 준비합니다. 교육 담당자와 학습자들에게 선물하기 위해서입니다. 책 선물은 학습자에게 특별한 추억이 되기도 하고, 저에게는 책을 한 사람에게라도 더 알리는 좋은 기회가 됩니다. 책을 선물 받은 교육 담당자는 책을 읽어보고 내용이 괜찮으면 다음 강의를 추가로 요청하기도 합니다. 선물한 책이 다시 강의를 부르는 선순환이 생기는 것입니다.

강연의 기술

많은 사람에게 강의하는 방법을 알려주며 든 생각은 그들의 문제 대부분은 목소리가 작아서 생기는 것입니다. 상대가 알아듣지 못하고 멍한 표정을 짓는 이유의 대부분은 단순히 목소리가 작아 제대로 전달되지 못해서라고 생각합니다.

강의할 때 당신은 어디를 바라보고 목소리를 냅니까? 청중의 얼굴을 똑바로 보며 그들에게 말하고 있습니까? 청중에게 물어봅시다. 내 목소리가 거기까지 잘 도달했다고 느껴지면 손을 들어보라고 질문해봅시다. 모두 손을 들면 합격입니다.

Q   손을 드는 사람이 별로 없을 때는요?

잡빌더   강사가 생각 없이 공간 전체를 향해 목소리를 냈거나 땅바닥을 향해 목소리를 냈기 때문입니다. 그러면 목소리는 청중에게 도달하지 않습니다.

공간이 아니라 청중들의 눈을 맞춰가며 말해야 합니다. 듣고 있는 한 사람 한 사람을 향해야 합니다. 물론 청중이 몇십, 몇백 명이 되면 한 사람을 향해 목소리를 내기가 어려울지도 모르지만, 그래도 모든 사람에게 목소리를 도달시키려고 노력하는 태도가 중요합니다.

청중석 가장 먼 곳에 있는 사람에게 목소리라는 공을 던진다는 느낌으로 말해야 합니다. 단순히 '크게 외친다'가 아니라 '소리가 거기까지 도달해야 한다'라는 말입니다.

다음 단계는 톤(tone)입니다. 목소리 톤이 처음부터 끝까지 절대 똑같아서는 안 됩니다. 음이 비슷해 리듬이 없으면 상대는 지루해하기 때문입니다. 중요한 부분은 강조해서 말하고 나머지는 보통으로 말하면 좋습니다.

제가 중요하게 생각하는 것은 하나하나의 표현과 말에 의미를 담는 일입니다. 한마디 한마디에 마음을 더하면 목소리 톤은 의식하지 않아도 달라집니다. 반면 마음을 담지 않으면 무슨 말이든 단순한 기호의 나열이 되고 맙니다.

강조하느냐, 강조하지 않느냐의 문제가 아닙니다. 각각의 말에 의미를 더하면 자연스럽게 톤은 달라집니다. 그러면 자연스럽게 동작도 따라올 것입니다.

마음을 전달하는 도구가 말입니다. 강연에서도 말에 마음을 담아 전달해 상대를 움직여야 합니다. 놀랍게도 우리는 말에 영혼을 불어넣을 수 있습니다. 그러면 사람들의 듣는 자세도 달라질 것입니다.

공연 전 가수들은 리허설을 합니다. 아무리 베테랑이어도 리허설을 거르는 가수는 없습니다. 배우도 그렇습니다. 그런데 초보 강사가 연습을 생략하는 경우를 제법 봅니다. 여러 번 연습하면서 녹음해 들어보고, 단어를 바꾸고 톤을 바꾸고 말과 말 사이 간격을 조절해 봐야 합니다.

'어떻게 하면 전달이 더 잘될까?' '이렇게 말하면 사람들 마음을 움직일 수 있을까?'라고 고민하며 이것저것 시도하고 연습하다가 실제 강연에 임하는 것이 좋습니다.

Q 좋은 연습 방법은요?

잡빌더 연습 방식으로는 다른 사람에게 들려주고 피드백을 받는 것이 가장 좋습니다. 그것이 여의치 않을 때는 스스로 녹화해 들어봅시다. 연습 하느냐 하지 않느냐에 따라 얼마나 차이가 날지는 명백합니다. 연습 하면 숙달되고 연습하지 않으면 숙달되지 않습니다. 다시 강조하지 만, 많이 해보면 잘하게 되는 것은 당연한 이치입니다.

내 콘텐츠 얼마에 팔 것인가?

저가전략

저렴한 가격은 분명 소비자들에게 쉽게 접근할 수 있는 무기가 되기도 합니다. 그런데 조금 싸게 제품을 판매하면 상대 경쟁사들이 쉽게 따라 할 수 있으므로, 남들이 따라 하지 못하게 매우 싼 가격에 팔아야 합니다. 소위 말하는 '초저가 전략' 혹은 '매일 저렴한 가격(EDLP, Every Day Low Price)'으로 불리는 파격적인 가격은 분명 경쟁력을 갖습니다.

주유소나 식당 등에서 셀프서비스 제도를 도입해 가격을 낮추는 식으로 품질과 서비스를 다소 희생하더라도 가격을 파격적으로 낮출 수 있다면, 이것도 차별화를 추진하는 동력이 될 수 있습니다.

이런 저가전략은 가장 손쉽게 선택할 수 있는 전략처럼 보이기도 합니다. 안 팔리면 가격을 낮추면 되니 말입니다. 그러나 진입 장벽이 낮은 만큼 성공하기도 어려운 전략입니다. 저가전략이 성공하기 위해서는 원가 절감과 판매량 극대화를 함께 이뤄낼 수 있는 노하우가 꼭 필요합니다.

물건 개당 이윤은 절반으로 줄어들지라도 3배 이상 많은 양의 물건을 팔게 되면 총이익은 늘어납니다. 참 간단한 원리입니다. 가격을 낮춤으로써 판매량을 늘린다는 단순한 원리입니다

절박한 상황에 빠진 상대 경쟁자가 더 파격적인 가격 인하를 시도해 대응하게 되면 공멸할 수도 있다는 위험은 저가전략을 시도할 때 늘 존재합니다. 저가전략은 비교 대상이 되는 경쟁자와의 치열한 돈 싸움입니다. 따라서 잠재적 가격전쟁에서 이길 수 있는 풍족한 자금과 건전한 원가구조 없이는 쉽사리 성공하기 어렵습니다. 특히 서비스를 줄여 기존 고객의 기대를 저버리며까지 가격 파괴 전략을 시도했다가는 더욱 위험해질 수 있습니다.

또 저가전략을 추진 동력으로 삼을 때 큰 걸림돌이 되는 것은 판매량입니다. 처음에는 저가로 잘 버티더라도, 시장을 더 확대하기 힘들다면 가격을 조금씩 올리면서 어느 틈에 저가전략을 잊어버리는 때도 비일비재합니다.

이처럼 저가전략은 박리다매, 즉 이익이 적은 만큼 많은 매출을 통해 생존하는 게임입니다. 그러므로 저가격에 반응하는 수요를 늘려 매출을 올리는 게 관건입니다.

저렴한 가격에 반응하는 소비자는 어느 시장에나 존재합니다. 그러므로 품질과 서비스를 다소 희생해서 가격 파괴를 실현하는 것은 하나

의 전략이 됩니다. 그러나 초저가 시장은 시장의 크기에 한계가 있어서 오랫동안 지속하는 것은 쉽지 않습니다. 이런 저가전략은 우리 같은 콘텐츠 크리에이터에게는 절대 바람직하지 않습니다.

가성비 전략

"거의 팔 뻔했는데 가격이 비싸서 거래가 안 되었어요."

과연 가격 때문에 못 팔았을까요? 가격이 싸다, 비싸다가 아닙니다. 고객에게 기꺼이 돈을 지급할 만한 가치를 제공하지 못했기 때문입니다.
'양질의 제품을 저렴한 가격으로'라는 철학은 바로 가치 있는 제품을 말합니다. 가치라는 말처럼 복합적인 뜻을 가진 단어도 드뭅니다. 제품이든 사람이든, 어쨌든 가치라고 하면 긍정적인 의미로 통합니다. 그러나 마케팅 관점에서 가치는 무조건 좋은 것이 아니라, 가격 대비 품질을 뜻하는 '가성비'를 의미합니다. 가격 대비 성능의 줄임말로, 가성비가 좋을수록 가치 높은 소비를 한 것이 됩니다.

가성비 경쟁력을 추구할 때 중요한 것은 지향하는 가치가 뚜렷해야 한다는 것입니다. 하버드 대학 신시아 A. 몽고메리 교수는 그의 저서 〈당신은 전략가입니까〉를 통해 가치 있는 기업의 의미에 대해 다음처럼 말했습니다. 높은 가성비를 지향하고자 한다면 고민해봐야 할 대목입니다.

"가치는 상대적인 것이기에 옳고 그름을 따질 수는 없지만, 어떤 기업이 가치 있는 기업인지 아닌지를 판단할 수는 있다. '만일 그 기업이 사라진다면 사람들이 아쉬워하겠는가?'라고 질문해 보자. 사람들이 아쉬워한다면 가치가 높은 제품을 만드는 기업이다. 그러나 그 기업이 없어져도 사람들이 아쉬워하지 않는다면 가치 높은 제품을 만드는 기업이라 할 수 없을 것이다."

흔히 가성비를 추구하기 위해 비용 절감만을 고민합니다. 좀 더 저렴하게 생산할 수 있는 해외 공장을 찾아 중국, 베트남, 인도 등으로 이동합니다. 그런데 경제학적 관점에서 가성비의 본질이 과연 낮은 가격일까요? 다이소 창립자 박정부 대표 역시 가성비의 본질은 가격 대비 가치에 있다고 주장했습니다. 그는 상품을 개발할 때 천 원짜리 한 장과 신제품을 양손에 나눠 들고 사람들이 모인 곳에서 둘 중 어느 것을 선택하겠냐고 물어보는 조사를 했습니다. 만약 천 원을 선택하면 신제품은 시장성이 낮다고 판단했습니다. 천 원 그 이상의 가치를 제공하는 제품만이 시장에서 팔릴 수 있다는 개념은 바로 가성비의 원조다운 발상이었습니다.

가성비 제품들의 목표는 '그것이 좋다'가 아니라 '그것으로 좋다'입니다. 즉 '그것이 아니면 안 되겠다'라는 최고의 의미가 아니라, '그 정도면 충분하다'라는 최적의 의미라 할 수 있습니다.

그런데 제품의 품질을 높이는 것은 생각처럼 쉽지 않습니다. 그러므로 좀 더 손쉽게 가치를 높이는 방법은 가격을 낮추는 것입니다. 가격 대비 가치를 실현하려면 저렴한 가격과 비교해 그런대로 쓸 만한 품질을 만들어야 합니다. 이때 생산 효율성을 높이는 능력이 중요합니다. 그러나 자칫하다가는 효율성을 약간 높이는 데 그쳐 버려, 그저 그런 수준에 머물기 쉽습니다. 실제로 가격 대비 품질을 추구하는, 즉 가성비 경쟁력으로 승부하고 있는 기업들의 성적표는 그리 좋지 않습니다. 이 가성비 전략 역시 콘텐츠 크리에이터에게는 적합하지 않습니다.

선점전략

◆ **차별적 우위 (differential advantage)**: 특정 시장에서 지속 가능한 경쟁 우위

차별적 우위란 말에서 '우위'란 무엇일까요? 우위가 남보다 더 좋다는 뜻임은 누구나 알고 있습니다. 여기서 중요한 것은 '좋아하는 주체'입니다. 누가 좋다고 생각해야 할까요? 맞습니다. 바로 구독자입니다. 그런데 놀랍게도 이 당연한 사실을 잊어버리는 크리에이터가 제법 많습니다. 자기 기준으로 자신들이 좋아하면 구독자도 좋아할 거라 착각에 빠져버리는 것입니다.

이제는 '차별적'이란 단어를 살펴봅시다. 쉽게 말해 '다르다'라는 말입니다. 여기서 차별은 단순히 '남들과 다르다'에 그쳐서는 안 됩니다. 남들과 다른 콘텐츠라해도 쉽게 따라 할 수 있다면, 차별적 특성은 곧 힘을 잃어버립니다. 즉 '차별적'이란 경쟁자가 쉽게 흉내 낼 수 없을 만

큼 달라야 한다는 말입니다.

Q **그런데 영원히 흉내 낼 수 없는 기술이나 콘텐츠를 만드는 게 가능할까요?**

잡빌더 기술이나 효용의 차별성은 한계가 있을지 몰라도 구독자의 마음속에 '하나밖에 없는 콘텐츠'라고 인식시키는 것은 가능합니다. 그러므로 차별점을 눈에 보이는 실제적인 차이에만 국한할 것이 아니라, '의식 차이'가 더더욱 중요하다는 사실을 이해해야 합니다. 진정한 차별화는 사람들의 머릿속에서, 즉 '의식'을 통해 이뤄집니다.

우리는 알게 모르게, 차별화를 한다고 하면 무조건 뭔가 새롭고 획기적인 제품을 만들어야 한다는 노이로제에 걸려 있는 듯합니다. 하지만 남보다 앞서야겠다는 생각에 몰두하다가는 자칫 혁신의 함정에 빠지기 쉽습니다. 품질이나 기술의 실제적인 차이도 중요하겠지만, 그에 못지않게 중요한 것은 바로 의식 차이를 만드는 것입니다. 물리적인 차이는 경쟁자에게 금세 따라잡힐 수 있지만, 의식 차이는 사람들 마음에 한번 각인되면 따라 하기가 훨씬 어렵습니다.

콘텐츠 크리에이터라면 다음 가격전략에 주목합시다. 어차피 전체 시장에서 선두가 아니라면, 기존 마켓리더가 관심 두지 않는 무주공산에서 선두가 되겠다는 전략, 바로 '선점전략'입니다. 지역적으로든 시장 규모로든, 더 큰 기업이 별다른 관심을 두지 않거나 공략하기 쉽지 않을 만큼 작으면 더 좋습니다.

선점전략은 큰 기업은 작은 기업을 이길 수 있다는 원리를 역행하는 것이 아닙니다. 오히려 전쟁터의 규모를 줄여서 힘의 우위를 달성하려는 것입니다. 다시 말해 호랑이 없는 굴에 여우가 왕이라는 말처럼 호랑이가 없는 굴을 찾는 것이므로, 전쟁터의 범위를 넓혀서는 안 됩니다. 여기서도 앞서 말한 서브타이핑(subtyping) 기술을 적용하면 좋습니다.

Q 　남이 만든 것은 쉬워 보여도, 정작 그런 아이디어를 생각해내기란 쉽지 않습니다. 어떻게 해야 남들이 생각지 못한 통찰력을 기를 수 있을까요?

잡빌더 　가령 제품을 쓰다 보면 알게 모르게 불편함, 성가심 등을 경험하게 되는데, 이처럼 제품에 개입된 불필요한 단계나 의미 없이 낭비되는 시간 등을 해소하려는 과정에서 중요한 신제품 아이디어가 나오곤 합니다. 《디맨드》의 저자인 에이드리언 슬라이워츠키는 이런 귀찮음을 '헤슬(hassle)'이라 표현하면서, 바로 이런 헤슬을 없애려고 노력할 때 고객이 요구하는 기능을 찾을 수 있다고 했습니다.

당신의 콘텐츠가 팔리는 콘텐츠가 되려면 우주를 여행하게 만드는 어마어마한 기술이 필요한 게 아닙니다. 어떤 한 사람의 마음을 흔들어 놓을 아주 조그만 '다름'이 다른 사람의 마음도 같이 흔들고, 결국은 시장 전체를 흔들어 판을 바꾸게 되는 것입니다. 이런 독특함은 어느 시장에서든 그 위력을 발휘합니다.

다른 크리에이터들이 제공하지 못한 남다른 콘텐츠를 한발 앞서 실행하는 것도 차별적 우위를 차지하는 좋은 방법입니다. 이 전략을 잘 활용하면 여러분의 콘텐츠는 부르는 게 값이 됩니다.

팬들은 크리에이터를 기쁘게 하고, 또 동기를 부여합니다. 또 팬들과 소통하면서 그들을 만족시키기 위해 콘텐츠의 퀄리티는 자연스럽게 올라갑니다.

진정한 팬들은 수입의 직접적인 원천일 뿐 아니라, 더 많은 팬을 끌어모으는 동력 그 자체가 되기도 합니다.

1명의 팬으로 시작해서 10년 만에 팬을 1,000명 넘게 만드는 가장 쉬운 방법은 무엇일까요? 그것은 바로 기존 팬 1명이 1년에 딱 1명의 팬을 더 데리고 오게 만드는 것입니다. 기존 팬에게 1년에 딱 팬 1명만 더 소개받을 수 있다면, 도저히 불가능해 보이던 찐 팬 1,000명 만들기가 가능합니다. 1년에 딱 1명만 더, 이 단순한 전략이 실제로 어떤 결과를 만들어 낼까요?

다음 표를 봅시다.

현재	1명	
1년 후	2명	1×2
2년 후	4명	2×2
3년 후	8명	4×2
4년 후	16명	8×2
5년 후	32명	16×2
6년 후	64명	32×2
7년 후	128명	64×2
8년 후	256명	128×2
9년 후	512명	256×2
10년 후	1,024명	512×2

이처럼 소개의 힘은 막강합니다. 물론 실제로 이렇게 팬 수가 딱딱 맞아떨어지지는 않지만, 꾸준한 소개 위력은 바로 이해가 될 것입니다. 1명의 팬이 감동해서 주위 다른 팬들을 끌고 오는 선순환 과정, 이런 선순환 과정에 올라타기만 하면, 그 크리에이터는 급격히 성장하게 됩니다.

구르는 눈덩이가 계속 커지는 것처럼 팬이 늘어나므로, 특정 임계점을 지나는 순간 팬 증가는 가히 폭발적입니다. 처음 팬이 그다음 팬을 몰고 오는 복리효과가 작용하기 때문입니다. 복리효과는 선뜻 이해하기 어려울 정도로 효과가 큽니다. 2를 10번만 곱하면 1,000이 넘는다는 사실은 인간의 직관으로는 잘 이해되지 않지만 엄연한 사실입니다.

심지어 마케팅 비용은 0원, 단 한 푼도 들지 않습니다. 만족한 기존 팬이 새로운 팬을 알아서 데려오기 때문입니다.

표면에 보이는 팔로워 숫자보다 크리에이터를 추종하는 '찐팬'의 숫자가 중요합니다. 팬덤을 거느린 크리에이터를 우리는 인플루언서라고 부릅니다. 이들은 기업과의 다양한 협업, 광고 의뢰 등으로 수익을 다각화하고 지속 가능한 사업 모델을 만드는 기회를 얻기도 합니다.

만약 당신이 '초보 크리에이터'라면 팔로워 숫자보다 단 100명이라도 찐팬을 만드는 데 집중하길 조언합니다. 다시 강조하지만, 대중성이 조금 떨어지더라도 뾰족한 주제를 잡아 자신만의 독창적인 콘텐츠를 기획하고 구독자와의 깊은 접점을 만드는 것이 중요합니다. 당신의 건투를 빕니다.

콘텐츠 기획부터 수익화하는 A to Z

잘 팔리는 콘텐츠의 3가지 비밀

초판 1쇄 발행   2024년 2월 15일

지은이   잡빌더 로울
펴낸이   곽철식
디자인   임경선
마케팅   박미애

펴낸곳   다온북스
출판등록   2011년 8월 18일 제311-2011-44호

주 소   서울시 마포구 토정로 222 한국출판콘텐츠센터 313호
전 화   02-332-4972
팩 스   02-332-4872
이메일   daonb@naver.com

ISBN 979-11-93035-34-4(13320)